官能小説家だからこそ読み解けた
魏志倭人伝18の謎
邪馬台国は熊本平野の○○

吉野純雄
Yoshino Sumio

まえがき

官能小説家でも、常に頭の中をいやらしい妄想でムニュムニュにしているわけでもありません。たまには知的好奇心にとらわれて、むずかしいことを考えたりもします。

卑弥呼のことを小説に書く必要に迫られて、魏志倭人伝を読みましたが、私には謎の部分など、まったくないと思われたのです。ついでと言ってはなんですが、ついでにいわゆる「邪馬台国本」も読みましたが、研究家と称する人たちが、どうしてこんなにまでひねくれた解釈をするのか不思議に思ったものです。

活字も残っていない弥生時代のことですから、どんな風に解釈してもよろしいのですが、あまりにもひどい見解、そしてねじ曲げすぎだろうと思われる曲解が得意げに述べられている作品が多くて、ひとりで憤慨していました。

卑弥呼とか邪馬台国とかタイトルにでかでかと掲げているのに、邪馬台国の場所を比定もせず、卑弥呼の正体もあばかずに、自分の得意ジャンルの研究結果だけを発表しているという、誠にもって不埒な、ブームに便乗しただけの書物も少なくありません。

魏志倭人伝を素直に読み解けば、素直に納得できる部分までついては強引に自説に持っていったり、そもそも比べること自体が無理とわかりそうな他の書物を引き合いに出したりしているのは当たり前で、はなはだしい論者は外洋航海の大型船で日本の河川を遡上させたり、数字や方角を操作したり、書き間違いだ捏造だと主張して無理矢理に帳尻を合わせたりもしています。

それではいきなりですが、邪馬台国研究者がどれほどユニークな比定地の数々をあげているか、例を見てください。

比定地論は今、日本国内に留まらず、海外にまで飛び火している。その中でもとくに世間の注目を集めているのが、インドネシア説だ。この説を唱えるのは、東洋史学者の内田吟風氏。氏は一九七五年に、邪馬台国の所在地に関する論文を朝日新聞に発表している。

その論点は、「魏志倭人伝」を素直に読むことにある。帯方郡から邪馬台国への総距離が一万二千余里であると書かれていることは、前述した。内田氏は一里を漢魏の頃の四二〇メートルと読み、一万二千余里は五〇〇〇キロあまりに相当すると計算。地図と照らし合わせたところ、スマトラ島やジャワ、バリ島が連なる大スンダ列島に辿り着くと主張したのである。

さらに、ユニークな説は、哲学者の木村鷹太郎氏のエジプト説だ。日本民族はもともとラテン系で、その昔エデンの地に起こり、ギリシヤ、エジプトに建国した氏族であるという。そして邪馬台国はエジプトにあったと論じている。

「もし、邪馬台国の位置を確実に定めうるだけの情報が、『魏志』「倭人伝」の中に含まれているならば、邪馬台国について、これだけ多くの本が刊行され、これだけ多くの人たちが、長年にわたって力を注いで、解けないはずがない。

解が『不定』となるべき性質のものであれば、邪馬台国を九州とするのも、一つの『正解』でありうるし、邪馬台国を大和とするのも、一つの『正解』でありうる。どちらも、与えられた条件を、ある程度満足する解だからである。

『魏志』倭人伝だけによるとき、邪馬台国の位置を、一意的に定めることができないという基本的な事実を、私たちは、まず率直に承認すべきである」

九州説の橋本は邪馬台国を福岡県山門郡と推定し、その「以北」の久留米市の高良山とその周辺を投馬国に推定する。水野祐も、橋本と同じに福岡県山門郡に女王の都を推定し、投馬国を「筑後川上流々域にあるものと考える」と書く。太田亮は邪馬台国を熊本県北部の菊池郡山門郷とその周辺とし、投馬国を福岡県の上妻・下妻・三潴の三郡の筑後川流域とする。

邪馬台国の所在地は、筑紫山地の南辺（筑紫平野）であること。佐賀市近辺と考えられる。投馬国は沖縄本島が該当すること。

「築紫女王国」と「畿内邪馬台国」の関係については、卑弥呼の居る「築紫女王国」を起点としての、西から東に向かっての宗教戦争（これを「倭国大乱」とみる）の到達点として、新たに都として定められたのが「畿内邪馬台国」だという。ただし、卑弥呼は引き続き「築紫女王国」に留まって、「畿内邪馬台国」の統治は「男弟」に委任していたとみる。

久米が「筑紫女王国」と「畿内邪馬台国」が同時期に存在したとするのに対して、大和は、卑弥呼の時代の都であった女王国が、次の台与の時代に大和に東遷して成立したのが邪馬台国であるとみることである。

つまり、時代を異にする二つの「女王の都する所」の国を、陳寿は女王国……邪馬台国と誤解して、伊都国から千五百余里の女王国に至る里程に替えて邪馬台国に至る日程を誤綴合してしまったとみる。

みやま市で上陸してからの陸行距離である四〇〇里（約二八キロメートル）を考慮すると、里数算出の基準点となった地域は山鹿市か、菊池市西部、熊本市北区北部、せいぜい合志市北部にとどまるだろう。理論上では、ここが終着地点となる。

遂に到着した。ここが邪馬台国である。

倭人伝の倭国は「三種の神器」をシンボルとしています。「玉と鏡と剣」です。「白珠五千孔」や「銅鏡百枚」は有名ですが、「五尺刀二口」は王者の剣です。剣をもたない権力者など、いません。

では、「三種の神器」の分布領域はどこか。福岡県の高祖山連峯の周辺です。吉武高木（福岡市）・三雲（前原市）、井原（前原市）、須玖岡本（春日市）・平原（前原市）の五王墓です。

大和（奈良県）でもなく、朝倉や筑後川流域（福岡県）でもなく、古野ケ里（佐賀県）でもありません。

もちろん、筑後山門（福岡県）でもありません。ただ一つ、わたしがこの本で辿り着いたところ、そして先の「里程論」の簡明な論証のさししめしたところ、「糸島・博多湾岸」以外にありません。

私は、邪馬台国は、北九州の甘木市、夜須町ふきんにあったと考えている。このふきんは、弥生時代の墳墓、青銅器、鉄器の分布、時代は下るが、前方後円墳、古代の郷里の分布、交通路などからみるとき、北九州のほぼ中心に位置している。

邪馬台国の範囲は、のちの筑前、筑後にわたっていたばかりでなく、豊前、豊後、さらには、肥前の一部にもおよんでいた可能性もある。

邪馬台国の所在をめぐって、私は「筑後川北岸流域説」をとなえてきた。その範囲は、有明海にそそぐ筑後川の北側一帯の地域であり、佐賀平野の東部（神埼郡・三養基郡・鳥栖市）と両筑平野（小郡市・甘木市・朝倉郡・三井郡）がはいる。

したがって私は、古野ケ里遺跡こそ女王の都する邪馬台国そのものと考えるのだが、私のこの文献からの比定は、古野ケ里遺跡が発見されたのちに試みたものではない。

邪馬台国はどこか？　わたしは、福岡県南部に邪馬台国があったという説に賛同したい。が、通説の筑後山門郷かどうかはわからない。それは邪馬台国のヤマトが上代音韻の法則による乙音で、山門のヤマトは甲音だから合わないという説に拘束されるからではない。

投馬国から邪馬台国までの「水行十日」は備前岡山付近から大和までの航行日数としてふさわしい。魏使の乗った船が淀川から木津川に入ったとみた場合、水行の到着点は現在の京都府木津川市木津付近となるであろう。木津から奈良山を越えれば、そこは大和であった。

京都帝大教授を務めた東洋史学者の内藤は、中国の古代では、東と南の方向が、同じ方向として表現されたりすることが多いことから、邪馬台国の前段の投馬国を周防国佐波郡（現在の山口県防府市周辺）に比定。そこから「南、邪馬台国に至る。女王の都する所、水行十日陸行一月」を、そのまま「東」に向かって適用して、邪馬台国は畿内の大和にあったとした。

宮崎は具体的には「放射説」にのっとり、邪馬台国は長崎県の高原半島にあったとした。

卑弥呼の国の都は、現在の高知県であり、気候変動の時代の小氷期であり、雪が降らない暖かい南（南東）の国であったといえる。

今まで見てきたように四国には、陳寿が書いた「魏志倭人伝」の記述の順序通りに、現在も地名が残っている。また国境もほぼ同じである。著者が、邪馬台国が四国王朝であると考える大きな論拠のひとつがこの地図である。

玄海灘沿岸の末盧国、伊都国、奴国、不弥国などの東南、脊振山地の南麓にひろがる佐賀平野の東部と筑後平野の北部、この一帯が文献から結論された私の邪馬台国の領域である。

『倭人伝』にいう邪馬壱（台）国の中心地が大和地方周辺にあったことは、考古学的出土品を歴史書の事実に対応させることで、今では抜きさしならない学説となっている。

邪馬壹国の壹（壱）を臺（台）の書き間違いとする説が、古来行なわれているが、壹と臺は冠も違うし、また『倭人伝』の中でも混用しないで用いている形跡が強い。また、邪の字にヤの音が生じるのは後世のことで、その当時の音はサである。だからこれは、文字どおりさばいと読まれなければならない。いまの鯖江（福井県）のことである。

邪馬台国、ヤバダイ国（野馬）を乗せている台の形をしている国という意味である。旧高来郡ならびに東西彼杵郡の範囲に相当する地方である。言うなれば、大村湾、諫早湾、橘湾（千々石湾）と長崎湾を含む地方である。端的に、島原半島の口之津町から西彼杵半島の西海町までと、平戸島までを含んだ地方と言うことができるのである。なお、実質的には値嘉（知可）郡をもこの邪馬台国に含むことにした。五島列島は現在も長崎県に含まれるからである。

個々の事例については、第一章で例をあげて逐一反論を加えていますから、ここでは触れませんが、もうすでに比定地だけでも珍説がいっぱい出てきていて面白いでしょう。読者や論者の中には、素人になにが分かるのか、などと反発する向きもあるかも知れませんが、いかにしがない官能小説家といえども人間です。あまり素っ頓狂なことは書いていないつもりですが、論より証拠と申します、とりあえず素直な気持ちで読んでみてください。

吉野　純雄

◆目次◆

目次

第一章

邪馬台国論者が迷い込んで抜けられない18の謎とは

なぜ、北岸にはっきりした答えを出せないのか

普通の邪馬台国本ならば、まず魏志倭人伝が書かれた背景から始まって、倭人伝の全部を漢文で載せ、自分なりの読み下し文を添えて自説を展開するという流れなのですが、私が使っている一太郎ではあまりにも古い漢字は出てこないので、全文を正確に載せるのはむずかしいのです。

だから急に「北岸」などと出てきて途惑う人もいるでしょうが、反論なり疑問なりを呈するパートごとに原文にも触れますから、とりあえず頑張って読んでみてください。

この北岸というのは、以下のくだりで出てくる文言です。

従郡至倭循海岸水行歴韓國乍南乍東到其北岸狗邪韓国

この、北岸にある狗邪韓国と読める部分が、4字目の倭にかかってくるものだから、皆さんが混乱を極めてしまうのです。だって和国の北岸が韓国の南岸にあるというのだ

から、混乱してしまうのが当たり前でしょう。そこで皆さんが展開する説が八方破れで面白いのですが、先が長いのでここでは載せません、と一度は書いたのですが、いざ出版となるとページ数が足りずに、急遽それらの諸説を挿入することになりました。

本作を読み進めてきて、急に語調が変わったり、付け足しのように思われる部分がゴチック体で出てきたりしたら、あまたの邪馬台国論者の著作物から抜粋した文章であると思ってください。

私が展開する謎解き論の中に挿入されると、いかに突飛な理論であるかがよく理解されることでしょう。なおいちいちは引用先を併記してはいませんが、巻末に参照した本のタイトルを出していますから、それでご勘弁を願います。

記述では、狗邪韓国は倭の「北岸」であるとされている。陸地を基準に考えると、北岸は陸地の北側にあり、その北には海などが広がっているというイメージである。これにより、釜山の南西海上に浮かぶ巨州島などに狗邪韓国があったのではないかという推測が可能になる。

しかし、川や湖などを基準に考えると、北岸は北にある陸地の南側ということになる。瀬戸内海の北岸といえば広島市や岡山市が該当するようにである。そう考えると、朝鮮半島と九州の間の対馬海峡が倭の領域であると認識されていた場合、朝鮮半島南部が倭の「北岸」となる。

この記事のみでどちらが正しいか判断するのは難しいが、実は「韓伝」に決定的な記述がある。

「韓在帯方之南　東西以海爲限　南与倭接」（韓は帯方郡の南にある。東西は海をもって限りとなし、南は倭と接す）という一文である。つまり、韓と倭は海で隔てられることなく、境界を接している様が明快に記されているのである。これにより、当時、倭の一国であった狗邪韓国が朝鮮半島南部に存在したことは明らかである。

その比定地については、金海市、釜山市辺りであっただろうと一般的に結論づけられているので、それに従いたい。

筆者は、倭最北の拠点として朝鮮半島に存在した狗邪韓国も、当然のことながら「魏志倭人伝」冒頭に記された「今使訳所通三十国」の一国であっただろうと考えている。

「其ノ北岸」が漢・魏の直轄地帯

漢代の楽浪郡による北部九州管理は、いわば漢の属地である。魏のころになると帯方郡による管理となる。すなわち魏の属地である。

魏は直接支配の形を避け、すでに勢力の強くなった「女王国」（漢代の倭とは比較にならぬ）の独立を認め、自己の保護とする一方、北部九州は従前どおり従属地域とした。漢代いらいの既得権である。これが女王国から切りはなされた朝鮮海峡の沿岸地帯である。すなわち「其の北岸」である。「其の」は女王国をさす。

対馬国、一大国（一支国）、末盧国、伊都国、奴国がこれに入る。不弥国が「以北」に入るかどうかはしばらく措く。

そんな偉そうにいうなら、おまえの見解を示してみろ、と憤慨するのは当然ですが、どうかギャフンと言わないでくださいね。

この狗邪韓国は、韓国の南岸にある和国の借地であると考えてみてください。その土地を所有している弁韓、そして絶大な影響力を持っている魏の飛び領土である帯方郡には借地権料を支払っているのですが、ここに小さいながらも領土を有していることは和国にとっては大きなメリットがあるのです。

当然ながら大陸国にとってはこの地が和国の北限となるのであって、素直に読み解けばどうしてもここに着地するのではないでしょうか。

なぜ、七千余里をいじくりまわすのか

この数字は前文の狗邪韓国につながるもので、帯方郡から船で渡ってきた距離を表していますが、ここに噛み付く人が少なくないのです。

もうひとつ、つけくわえたいのは、不弥国から投馬国・邪馬台国までの水行と陸行を日数であらわしているのに、狗邪韓国から末盧国にわたる朝鮮海峡の水行を里数にしていることである。同じ「水行」なのに、なぜ、ここだけが日数でなく里数なのか。逆に不弥国から投馬国・邪馬台国までの水行がなぜ帯方郡から狗邪韓国までの水行「七千里」、

それより末盧國までの水行「三千里」のように里数にしないで日数にしたのか。―このへんの謎をみよう。

投馬国でも邪馬台国でも、ただ、伊都国から遠いところにあるというだけで、それを陳寿が机上で水行・陸行の「陽数」の日程にでっちあげたにすぎない。投馬国の南に邪馬台国があったかどうかわからず、方角が別々な二つの国名をいい加減にとり合わせた疑いがつよい。

現在の地図を見てもわかるとおり、ソウル辺りから珍島沖までが緯度で3度半くらい、珍島沖から釜山までとして経度で3度くらいです。緯度が百十キロ計算で三百八十五キロ、経度が九十キロ計算で二百七十キロ、合計が六百五十五キロですから、この数字を七千余里で割ると、ここで使われている一里はおよそ九十メートルになります。

この里数をめぐっても不毛の論議が交わされていますが、ここでは軽くパスしておきます。けれども軽くパスできないのが、この行程は船ではなく陸を歩いたものだという、それこそ突拍子もない異論です。

魏使はまず、「海岸に循って水行して」帯方郡西南端（韓国西北端）にいたり、そこから上陸して陸行にうつり、左図のように、南下・東行をいわば「階段式」に、小刻みにくりかえして、狗邪韓国にいたったこととなるのである。

従来のように、帯方郡治からまっすぐ水路「南行」して韓国西南端にいたり、ふたたびまっすぐ水路「東行」して東南端付近の狗邪韓国にいたる、というような理解の仕方は、全く原文章の文脈を無視した、不用意な読み変えなのである。

もし、韓国の西海岸と半島沿岸部を「全水行」したならば、それだけで八千里（「方四千里」の二辺）近くになる。だから、「帯方郡治―狗邪韓国」間七千余里に矛盾する。すなわち、「帯方郡治ー帯方郡西南端」の距離は完全にカットされるのである。この簡明な理路によっても、「全水行」は絶対にとりえないのである。

後述しますが、帯方郡からの使者は魏の天子から和の女王への贈り物を大量に運んでいるのです。その返礼品は豪華な織物から金、宝玉、大太刀から銅鏡百枚など大量の財物であって、とても十数人で担げる程度の分量ではなく、船で運ぶのが楽に決まっています。苦し紛れに陸路と水路とを使い分けたなどの暴論もありましたが、もはや取り上げる必要も感じません。現実の航海距離六百五十五キロを七千里で割ると一里は約九十メートルになるという数字は、これからも何度も使うことになるので、よろしくご記憶ください。

なぜ、一海千余里にこだわる

魏志倭人伝の全文を俯瞰して見ると、一海千余里という文脈が3回にわたって繰り返しリズミカルに出てくるのがわかります。どう見たってこれは決まり文句であって、風薫る五月みたいな使われ方をしているのだろうというところを原文で見てもらいます。

始度一海千餘里至對島‥‥又南渡一海千餘里名曰瀚海‥‥又渡一海千餘里至末盧國

この‥部分にはそれぞれの場所の説明文が入るのですが、海を渡って次の目的地に向かった、くらいの意味に解釈しておけば充分なところを、やっぱり噛み付く人がいっぱいいるのです。

対馬と壱岐、そして九州北部との海域の距離を千里で割って、数字の違いをあげつらったり、この合計三千里に更に二島の長さを足したりする人まで現れるに及んでは、呆れるしかありません。

だって常識的に考えても、韓半島南端から和国北岸までの海の距離に、間にある島の長さをプラスしたら、その部分だけが地図上でひずんでしまうでしょうが。


釜山から対馬巌原まで六十八浬、即ち約三十二里余、巌原から壹岐郷野浦まで四十一浬、即ち約十九里余、郷野浦から東松浦郡名護屋まで十五浬、即ち約七里余、もし唐津までとしても約十里に過ぎないのに、何れも之れを千余里と称しているのであるから、釜山対馬間は約三十一里が一里、対馬壹岐間は約五十三里が一里、壹岐末盧間は約百四十二里乃至百里が一里の割合となつている。この里数の当てにならないことは、概ねこの類であるが、而も、この出鱈目であるということが、また、当時の人々の里程に対する粗雑なる観念を、寧ろ率直に表示しているのであり、必ずしも或る計画の下に、爲にするところありて、誇張したものと見るを要しまい。

陸つづきの国は、当時の国の境界をきめることができないから、絶海の孤島である対馬国（対馬島）と一大（支）国（壱岐国）の里数を基準にすると、「千余里」という両島間の実際の距離は、約六〇キロである。したがって、一五〇〇里は、約九〇キロほどになろう。

ところがこんなこじつけはまだまだ可愛らしいということが、端なくも本土上陸の際に露呈します。

なぜ、末盧國を無視する

ここは魏志倭人伝を読み解こうとする人が、ほぼ間違いなくはまってしまう落とし穴で、少し詳しい説明を要するかも知れません。

そもそも大陸の王朝が残した史書に初めて和国として登場するのが、後漢光武帝に使いを送り、有名な「漢委奴国王」印を下賜されたとされる委奴国で、この国名をイトと読んで現在の糸島半島の前原市と判断するのが通例です。そして紛らわしいことには、郡使一行が九州北部に上陸して、最初に訪れるのが伊都国なのです。

諸国の比定地は、つぎのように考えられている。対馬国＝対馬島、一支国＝壱岐島、末盧国＝佐賀県唐津市付近、伊都国＝福岡県前原市、奴国＝福岡県春日市・福岡市南部付近と、奴国までは確定しているといってよい。

普通に読めば同じ場所だと読めるから、みんながみんな壱岐からの進路を急に東にとってしまうのですが、中にはもっと先の宗像市辺りまで船足を伸ばしてしまう人もいて、一海千余里を無視するのもはなはだしいぞ。

それというのも三つの海を渡ること千余里の最後に方角が書いていないからで、まあここら辺までは許容範囲としておきましょうか。

又渡一海千余里至末盧國

許せないのはここに末盧國と載っていて、論者のほとんどが松浦と読むことに異議を唱えないのに、それでも無視してしまうことです。
北と東の松浦半島があり、北松浦半島の付け根には松浦市まであるのに、私が数多くの関連本を読んだ中で、ここに上陸したと書いた著者はたったひとりでした。私もまた、平戸か田平《たびら》あたりに上陸した説をとる人なのであって、大いにそのあとのルート選択に期待したのですが、このひとりも間違った方角に去ってしまいました。

一支国を出立して海を千余里渡り、一行はいよいよ日本列島の本土に上陸する。そうして辿り着いたのが末盧国である。末盧は、漢語読みではマツロだが、漢語の上古音ではマツラとなり、当時どちらで読まれていたのか、判断を下すのは難しい。ちなみに『古事記』では末羅、『日本書紀』では松浦と記されている。

「四千戸余りで、山海に沿って暮らしている。人が見えないほど草木が生い茂り、人々は潜水して魚類やアワビをとる」と書かれる末盧国は、現在の唐津市で所在地はほぼ確定される。実際にアワビを穫る漁具や釣具などが出土しており、その記述が確かであることがわかる。また、ここ唐津の久里双水古墳からは、日本では珍しい棺を舟にして死者を送る「舟葬」の跡も発見され、海人として人々が生活を営んでいた様子が垣間見られる。

話がずいぶんと面白くなってくるのはここからで、壱岐から東へと船を回したとする人は、伊都国との距離から逆算して唐津辺りに上陸するのですが、ここで方角が合わなくなってくるのです。自縄自縛というか、アリ地獄というか、とにかく自説を展開するのに四苦八苦するのです。

なぜ素直に、東南に進まない

ここからがいわゆる邪馬台国論者の頭のひねりどころで、実にさまざまな珍論が展開されます。それというのも最初の上陸地点から伊都国に行くには東南方向に進まなければならないのに、唐津から前島は北東方向に当たるからです。その他の地点に上陸させた人も事情はほぼ同じで、目指す伊都国がうまく東南にはまらずに苦労するのです。

東南陸行五百里到伊都国

こんなにはっきりと書いてあるのに、それでも無理矢理に北に行ったり東に行ったりするいいわけが実に多彩で珍妙なのです。

しかし、伊都国の所在地についても、邪馬台国研究者のあいだでは邪馬台国「九州説」「畿内説」を問わず、糸島市であるという見解がほぼ定説となっている。現代の日本地図上で末盧国比定地（唐津市）と伊都国比定地（糸島市）の位置関係を確認すると、末盧国の東南に伊都国が存在しないにもかかわらずである。唐津市から見て糸島市は東北東の方角にある。それでも伊都国が糸島市であるとされるのには、相応の理由がある。

考古学の面では、糸島市には代々の王墓と呼ぶにふさわしい三雲南小路遺跡、井原鑓溝遺跡、平原遺跡の発掘成果があり、古地名においても、後世の『和名抄』には筑前国「いと郡」という記述が見られる。

このような事実の積み重ねが伊都国＝糸島市説を強力に後押しし、定説化させている。しかし、どれだけ事実を積み重ねようが方角に関する矛盾は厳然としてある。そこで「伊都国＝糸島市説」肯定派はさまざまな説を構築して、その矛盾を解決しようと努めているのが現実である。

一「魏志倭人伝」の原史料を記した人物は、太陽の昇る位置で東を決めていたが、太陽の昇る位置は季節によって異なる。その人物が来倭したと考えられる気候の良い春から夏には、太陽が昇る位置が北に大きくずれるために方角を見誤った。

二　「魏志倭人伝」の方角は、その地点から歩き始める方角を記している。だから、その先で進む方向が変わることもありうる。

三　古来中国において倭の地に対する既成概念があり、それが現在の日本列島の位置から、北九州地域を支点として時計回りに四五度から九〇度ずれていた。

このような説でもって、合理的な解決を図ろうとしている。

一方少数派ではあるが、「伊都国＝糸島市説」否定派はあくまでも厳密に「東南」にこだわり松浦川をさかのぼる道を辿って多久市、小城市、佐賀市方面を目指し、そこに伊都国を求めようとしている。

しかし、伊都国にふさわしい場所はまだ見つけらずにいるというのが現実だと思う。

このように、多くの研究者の努力によりほぼ定説となってはいるが、末盧国から「東南陸行」という「魏志倭人伝」の記述と現実の糸島市の位置との齟齬は、必ずしも完全に解明されたとは言いがたい。

15世紀に作られた朝鮮の地図は、日本列島を逆立ちさせる形で描いている。仮に陳寿が思い描く倭の地もこれと同じ形だったとすれば、旅程の記述のなかで、「南」と「東」を置き換えて書いたとしても不自然とはいえないだろう。一方で、15世紀の地図を3世紀にあてることに対し、否定的な意見も少なくないがこうした地図が作られる歴史的過程を知ると納得できる。（龍谷大学大宮図書館蔵）

すなわち前にも述べし如く、その方位の誤りは、主として末盧上陸以後の記事であり、帯方郡より末盧に至るまでの水路の方位は、大体に於て全く誤謬を見ないのである。之れ蓋し、海上に於ては天体、特に太陽の位置によりてその方位を見ること、陸上の場合よりも遙かに容易であり、かつ海上に於ては、その航海の必要上、殊に方位に注意すべき要あるが為めであろうと考えられる。されば、水行実に三十日に及ぶ航海に於て、東に航行せる航路をば、南として誤り伝うるが如きことは、殆どあり得べからざることではあるまいかとも、推考せらるるのである。

之れに反して、陸上に於ては、方位に注意すべき必要は、海上に於ける程重要ではなく、ただ人為的に作為されたる道路に従って、進むのであるから、大体に於いて、東に向かえるものを西と誤り、或いは北に進めるものを南に誤るが如き場合は、恐らくあり得べからざることであろうが、大体に於いて、東に向かえるものを東南或いは東北と誤り、また東南に向かえるものを南或いは東と誤り、東北に向かえるものを北或いは東と誤り、或いは東北を東南と誤るが如き場合は、今日と雖もその実例に乏しからざるところであり、この種の誤りは、必ずしもその記事全体の不正確を意味するものともいえないのである。

当時の地図には日本が逆さまに書かれていたから、東南とは北東のことである、東南とは最初に足を踏み出した方向のことであり、それから曲がっても修正も反映もされない、魏使は方角を見るに太陽や月を利用するから、季節や場所によって方角に狂いが出るなどの論まで披露されていますが、この季節によって方角違い論の内容が実に面白いので、詳細に述べてみます。

一行が来和した真夏は、春や秋と比べて日の出が真東よりも東南に四十五度ずれている。だから倭人伝に記載された方角をすべて四十五度、逆時計回りに補正すれば「東南」

はすべて東、同じく「東」は東北、「南」は東南と修訂される。

この文章を読んで、すんなり腑に落ちる人はいるでしょうか。夏の日の出は春秋よりも北の方角にずれていると私には思えますし、この理論だと、夏と冬に来た使者の作る地図は完全に45度狂ってしまうでしょう。

それもこれも伊都国を百八十年も前に栄えた委奴国に限定して考えるからであって、私はこの現象を秘かに委奴《いと》のしばりと呼びます。

もっと柔軟な頭で素直に解釈すれば、こんなに苦労しなくてもすむだろうと同情を寄せたくもなりますよ。

なぜ、役職名だと決めつけるのか

一行が島に上陸、あるいはクニに入る途端に役人が接待に駆けつけますが、官曰の部分をすべて役人の官名であると決めてかかるので、文章の雰囲気は柔らかいのに、文意としては非常に堅苦しいものになってしまいます。

この卑狗と卑奴母離については、官職名であったという説も根強い。確かに、卑弥呼を共立する前まで「倭国乱」で三〇国以上が「攻伐」し合っていた時代なので、首長の名称がばらばらであってもおかしくない。指導者の名称が「首相」「大統領」「国家主席」など国によって異なるようにである。例えば、その首長たちが卑弥呼を共立した連合国家における「官」に横滑りしたとも考えられる。

「魏志倭人伝」には、連合体に属するクニのほぼすべてに、行政者と見られる人物が配置されていたことを物語る記述がある。

その役職には「官」と「副」の二種があった。これ以上の情報がないため断定はできないが、「官」は諸国の王によって任命された宰相あるいは首相であり、「副」はその補佐官であろう。そして自治を任せる一方で、重要な決議が必要とされた場合には招集して会議を行い、あらためて道を示したとも考えられる。

なお、官や副として多模、伊支馬、弥馬獲支といった名が書かれているが、卑奴母離が四カ国、卑狗は二カ国に共通してみられるなど、重複するものがあるため、これらも個人名ではなく役職名と考えるのが自然だ。

このうち副で使用される卑奴母離は、防人の前身だとする説や日の守、火の守として祭祀を司る官職の意ととる説もあるが、ヒナモリすなわち夷守の意だと解釈する説が有力である。夷とは、のちの大和王権で「畿内の外側」の意で使われていた言葉であり、倭国においても外敵防備のために辺境地に配された防衛官と解釈できる。


これは論者が誰ひとりとして唱えていないのですが、私は倭人伝の記述の中には会話文も含まれていると考えています。それのみならず、役人が大きな柄杓から大盃になみなみと酒を注いで使者に飲ませる様子までが活写されていると考えます。

例えば伊都国に入った梯儁に対して、長官が「あなた方に全面的に協力します（爾支）」と言うなり、副官に命じて大盃と柄杓を持ってこさせて接待した、というくだりです。

一般的には副官の名前であると訳しますが、泄謨觚柄渠觚はそのまま大杯と柄酌を指す名詞になって現在も残っています。ここを役人の官名と解釈する人が多いのですが、大昔にセモヨコとヘキョコなんて官名の役人がいたなんて考えられますか。和語で読めばセモコとヘキョコなどですが、漢語読みをするとシェモグとビンジュグです。

会話文が出てくるのはここだけでなく、邪馬壹国でも赤裸々な情景描写が展開されますが、さすがにそれは後の楽しみにとっておきましょうか。

それではあまりにも無責任だとの声も上がりそうなので、代表的な役人名だけあげておきます。

一番多く出てくるのが卑狗と卑奴母離ですが、長官と副官ですから役割分担が役職名に反映されてなければおかしいと思います。そうなると真っ先に思いつくのが、卑は火または兵の当て字じゃないかというものですが、それもピンとはきません。

島やクニに置かれた長官の大事な役目は何だろうと考えたとき、ひらめいたのが住民の庇護でした。庇護官であればその土地にいなくてはならないものであるし、現地でも抵抗なく受け入れられたでしょう。

次の副官は当然として、長が住民を向いているのだから、防衛を担っていたはずです。言葉としては防人《さきもり》とか夷守《ひなもり》とかだったとすれば、わりとすんなり収まるのではないでしょうか。

どうして、戸と家との使い分けを無視するのか

倭人伝には訪問国の戸数が出てきますが、そこに使われているのが戸と家とで、論者は誰ひとりとしてこの違いを解決していません。あれほど重箱の隅をほじくるようにしてあら探しをするのに、こんな大きな使い分けにどうして注目せずにいられるか不思議です。

對島國：有千餘戸　一大國：有三千許家

漢語読みをするとフゥとジャアですから、魏使の方で間違いようがなく、だとすれば調査対象が異なっているから表記が違っていると考えるのが普通です。

なお、一大国では戸数の表記に「戸」ではなく「家」が用いられている。後の不彌国の記述にも「家」が使われている。

この違いについて現在の筆者に明確な答えはない。単なるランダムな併用でなく意味のある使い分けがなされているのだとするさまざまな論も存在することは承知しているが、その大意において、差はないのではないかとも思っている。

「家」と「戸」については、東夷伝の『韓伝』にも次のような記述が登場する。「弁辰韓合二十四国　大国四五千家　小国六七百家　総四五万戸」（弁韓と辰韓をあわせて二四国ある。大きな国には四、五〇〇〇の家があり、小さな国には六、七〇〇の家がある。あわせて四、五万の戸がある）」というものである。「家」と「戸」に明確な違いがあるとすれば、それを解くヒントはこの辺りにあるかもしれない。

たとえば、耶馬台国の実戸数は、六万ていどとし、一戸の人数を三、四人とすれば、邪馬台国の総人口は、約二一万人。一方、筑前、筑後、豊前、豊後、肥前の総人口は、約七二万ないし七六万人。邪馬台国が北九州にあったとして都であるために生じた人口が十万人ていどとすれば、合計八二万ないし八六万人。耶馬台国は、この範囲に、十分はいってしまうことになる。

耶馬台国のばあいはどうか。一戸平均五名とすると、邪馬台国の人口は、三五万余となる。これは、沢田氏の奈良時代の大和の推定人口十三万三百人（白鳥氏はなぜか、平城京の人口約二十万人にふれていない）、筑後の七万三千三百人にくらべ、多すぎる。耶馬台国は大和にも九州にもあてはまらなくなる。「魏志」の記す耶馬台国の戸数には、「多大の誇張が盛られているものと見なければならない。」

邪馬台国時代の一戸は、平均六人とみてよい。すると、耶馬台国の人口は、四二万人となる。

人夫という日本語が今でもありますが、両方共に人を指していて、弥生時代には少ない人数を人、多い人数を夫と数えていたとすれば納得がいきます。つまりここに出てくる千戸は千人で、千家は今でいう千戸（千軒）のことです。ちなみに戸も夫も、発音はほとんど同じでフゥなのです。

さあそうなると、みんなが行き詰まっていた居住者問題が一気に解決します。なぜならば戸も家も同じように一軒と考えていたから、例えば邪馬台国の七万余戸に平均的家族構成の五人をかけて三十五万人なんぞという果てしもない数字が出ていたからです。

現代日本においても、三十五万人というとかなり大規模な市クラスであって、弥生時代にこれほどの集落があるとは考えられず、誰もが避けてきた道なのです。この人口問題に正面からぶつかった論者は皆無で、なんとなくお茶を濁す感じでスルーする人ばかりでしたが、今後はちゃんとカウントできるでしょう。

この伝で計算してみると、対馬国の人口は千人、壱岐国は一万五千人、末盧国は四千人、伊都国は千人、奴国は二万人、不彌国は五千人、投馬国は五万人、そして我らの邪馬台国は七万人の人口を抱えていたという結果になりました。

壱岐の島に一万五千の人口は多すぎるとも思えますが、その他のクニの人口分布は見事なまでに耕地面積を反映してると思います。

水行二十日問題を解決する

これまた初めての人にはピンとこない項目ですが、論者にとっては非常に頭の痛い命題であって、ここでもまた珍回答が続出するのです。

つまり不彌国から次の投馬国まで行くのに水行で二十日かかったとの記述が出てくるわけで、この文章をいつになく素直に読んで二十日間の航海と解くので、船が沖縄まで行ったり、南と書いてあるのに東と曲解して無理矢理に奈良や出雲にまで届かせたりするのです。

不弥国の南には投馬国があり、水行二〇日で至ると記している。原文は「(不弥国)南至投馬国、水行二〇日」である。二〇日もの水行であるため、河川の水行ではありえず、海の航海であろう。

これはどの程度の距離であろうか。これを求めるためには、魏使の一日あたりの行程距離を知る必要がある。

これを知るために、倭人伝の行路記事を「水行」と「陸行」に区分してみよう。結果は次のようになる。

陸行一日＝二百十里＝短里で約一六キロメートル

水行一日＝五百七十里＝短里で約四四キロメートル

さて、この結果を基に投馬国の所在地を考察してみよう。

まず、不弥国から投馬国までの「水行二十日」は、上記行路記事の水行部分（水行十日）の、二倍もの長距離であることが注目される。またその方向は不弥国から「南」である。

「不弥国の所在地は筑紫山地の内側である」とする本論考では、不弥国の南側には有明海が存在するので、これを船で南下する（水行）ことは率直に理解できる。

水行一日の航海距離は、先の検討から五百七十里であるので、水行二十日は一万一千四百里となる。概ね倭人伝の総行路距離である万二千余里に等しい。これを短里で計算すると約八八〇キロメートルとなる。

この距離を実地の地図に当てはめると沖縄本島が該当する。

食うためにいやいやながら官能小説を書いてきましたが、余裕のあるときには旅好家を気取ってぶらぶらと海外を放浪したこともあります。その際に船の旅をしたことも再三で、クルーズ客が各地を観光している間は、船は岸壁につながれたまま皆が帰ってくるまでおとなしく待っているのです。

どうして急にこんな突拍子もないことを言い出したかというと、この時も同じ情況下にあったのではないかと推察するからです。

上陸地点がどこであったにせよ、何人かが陸に上がって三つの国を探訪しているのでしょう。となれば当然、上陸組が船に戻ってくるまでは出帆はできないはずです。いくら頭が頑固で自説にかじりつきたい論者でも、ここまで説明すればお分かりですよね。

曲がりなりにも天子からの命令で和国を訪れている使節団ですから、記録はしっかり残さなければなりません。当時はすでに紙はあったにせよ、おそらくは旅行記録用には紐でつながれた竹簡が用いられたのでしょう。そして記録はすべて、日付も入れられていたはずです。

もう少し詳しく考察すると、一枚の竹簡に書かれた文字数は12字前後だと思います。なぜかというと、倭人伝の原文を読んでいくと文意が飛躍したり、唐突に無関係な文章が紛れ込んだりする場所が多く、その単位字数が十二字だからです。

論者の多くは倭人伝を金科玉条のように奉り、書かれた順番通りに読み解いていこうとして苦心惨憺するのですが、倭人伝に欠落や順序の入れ替えがあったとする説は、かの松本清張氏も唱えています。

できれば氏には順序を正し、欠落を補って本来の姿を見せて欲しいと思いましたが、そこまでは踏み込んでもらえなかったので、無謀にも私が試みました。

それはそうとして本題に戻りますが、例えば上陸組が十五日後に船に戻ってきたとすると、準備を入れて実際の航海は南に四日ということになります。それがなぜ二十日の航海と記述されているかといえば、天子に見せるための報告書ではあまり重要ではない日付が省かれているからです。

退屈この上もない毎日（多分）を送っている天子の楽しみの一つとして、諸外国の動静を記した報告を聞くことがあったはずで、某月某日船動かず、某月某日も同じ場所に停泊する、なんてことを延々と聞かせられますか。

周囲の官吏は天子のご機嫌をとるのに汲々としているから、報告書もなるべく面白おかしく脚色されていたのでしょう。

こうして生々しい異国の探訪記は、削られ書き直され数字が誇張されて天子好みの物語に変貌を遂げてしまったに違いありません。

ついでにここで語ってしまいますと、魏志倭人伝は実際に和国を訪れて赤裸々な記録を残した人、自分の活動不足を補うために伝聞や噂を混ぜて実際の訪問記であるかのように追記した訪問団の偉い人、そしてご機嫌取りの宮殿官吏らによって作り上げられた作品であると考えています。

論者の中には三国志選者の陳寿がある思惑を持って、かなりの部分をふくらませたり創作を加えたりしたと主張する人も少なくありませんが、それは絶対にないと言い切れますよ。

西晋の役人で著作郎勤めの彼が、上から三国志の編纂を命じられたのですよ。魏を滅ぼして後釜に座った西晋に所属する陳寿は、三十巻にも及ぶ魏書をようやく書き上げたところで、このあとにまだ呉蜀のことを何十巻も書かなければいけない状況なのです。

そんな余裕のない精神状態で、彼にとってはどうでもいい東夷の国情をいじくり回すなんてするはずはないでしょう。ついでに言うと、陳寿が和国に好意的な思いを抱いていたから、文章も他国に比べて温和なものになっているなんて論をはる人もいますが、和国の中を実際に調査して回った人が好意を持っていたからじゃないでしょうか。

南至投馬國水行二十日

この文章の水行二十日だけに注目するから、陸地で調査する人のことを忘れてしまったのでしょうが、それでなくても当時の船が二十日間もの長期にわたって、しかも無寄港で航海するのはむずかしかったのではないでしょうか。

九州北岸に停泊していた船が、南の方角に数日進むとすると、島原湾を通って有明海に進入していったと考えられます。そうすれば投馬国は、現在の筑紫平野のどこかということになるじゃないですか。

原文を空で覚えているような賢い人は、ここまでの行程でどこかに無理があるかどうか検証してみて下さい。今まで誰も提起したことのない斬新で奇抜な解の連続ですから、途惑うかも知れませんが、どこにも引っかかる部分はないはずです。

ホワッツ　放射説

水行二十日に解を出してしまった今となっては遅いのですが、邪馬台国論者の中でも強固な支持者の多い放射説に触れてみます。

そもそも一行は邪馬台国までは行かずに、その途中の伊都国に止まり、そこから放射状に四つの国を訪れたという説で、それでなくては説明がつかないからという、理由になっているのかどうかも定かでない理由からひねり出された考えです。

この問題に一筋の光明を差した人物が、一九四八（昭和二三）年、「放射式」解読法を提唱した榎一雄氏だ。これは「魏志倭人伝」の旅程記事を連続して読まずに、伊都国を起点として読む考え方である。それまで、邪馬台国に至る道のりは記述の通り、伊都国～奴国～不弥国～投馬国～邪馬台国と順に読まれていた。しかし、榎は魏使が伊都国から先へは進まなかったと断じ、「東南、奴国に至る、百里」を伊都国～奴国間とするだけでなく、次の「東行、不弥国に至る、百里」を伊都国～不弥国間、「南、投馬国に至る、水行二十日」を伊都国～投馬国間、「南、邪馬台国に至る、女王の都する所、水行十日・陸行一月」を伊都国～邪馬台国間というように読むべきだと主張した。

このように伊都国を起点として読めば、邪馬台国は九州内におさまることになる。このように解釈した上で、榎は邪馬台国を筑後国山門郡と比定している。

つまり不彌国に行っては戻り、奴国に行っては戻り、船で二十日間かけて投馬国に行って戻り、邪馬台国までは船で十日、上陸してから一ヶ月歩いてたどり着いたという論理です。

あるいは前のふたつの国には行ったけれど、あとのふたつには実際に行くことなく、二カ国を訪問するにはそのくらいかかると伝え聞いたそのままを載せたという主張です。

この放射説を支持する人が少なくないそうで、呆れますね。だって前者の論理だと返礼品を担いで一ヶ月も歩かなければならないのです。前述しましたが、銅鏡が百枚もあるのですよ。その他にも貴重な財物と、何よりも大切な金印紫綬があるのです。

そんな重い品々を、何人で運んだのでしょうか。それよりも何よりも、九州内を一ヶ月かけて歩いたら、どうしたって海に落ちちゃうんじゃないでしょうか。

この矛盾に気付いた論者が、一ヶ月を一日の間違いであると強弁するのですが、そうなるともっとおかしなことになってしまいます。

南に十日の邪馬台国よりも、南に船行二十日の投馬国の方がもっと南方へ位置することになって、烏奴国や奴国、狗奴国との関係性が崩れてしまうのです。

後者の論理はもっと珍妙で、一行は伊都国に止まって、卑弥呼への天子からの贈り物をすべて誰か他人に運ばせたということになります。しかも卑弥呼からのお礼の上表文も伊都国で受けとったという、まことにおかしなことになってしまいます。だって郡使の一番大事な役目がそれなんですから、他人任せにはできないでしょう。

百歩譲ってそうであるならば、血の通ったような迫力ある紀行文はどうしたのでしょうか。まさか伊都国の誰かが代筆したなんて言うんじゃないでしょうね。

　それなのに二度目の使者である張政らが邪馬台国まで行ったことは認めるなんて、ダブルスタンダードにもほどがありますよ。

　この放射説には伊都国をハブとするのではなく、末盧国から放射状に各国へ行ったとする説もあります。これにはオッと思いましたが、やっぱりすぐに素っ頓狂な方向へ行ってしまいました。

　放射説でなければ連続説となるのですが、こちらも船行二十日を解決していないものだから、やっぱり沖縄とか大東島とかまで達してしまうのです。

　第三の説もあるみたいですが、かるくパスしておいて、私の第四の説を改めて披露しましょう。陸歩里程&停泊含む船行日程説とでも申しましょうか、それとも三カ国訪問後末盧戻り船で有明海入り説とでも名付けましょうか、どんな風に名前をつけても構いませんが、放射説からするとずいぶんと合理的かつ論理的だと思いませんか。

　合理的というのは、奇妙なこじつけをしなくても里程も日程も合っているし、論理的だというのは、ごく普通の船旅ならこうだというところです。

女王国と邪馬壹国を混同するな

とにかくこうして一行は邪馬壹国に到着しますが、原文に到着したと書いてあるにもかかわらず、一行は到着していないと主張する一派もあって、そのあまりの頑なさには驚きを禁じ得ません。

そしてここでも、救いようのない間違いを犯す人が多いのであって、その最たるものが邪馬壹国と女王国の区別をつけないことです。

倭人伝の中には、邪馬壹国という地名は一度しか出てきません。それは他の国と同じように、単なるその場所につけられた呼び名だから、繰り返し書き残す必要がなかったからでしょう。

それに対して女王国という言い方は5回出てきて、明らかにこちらの方は同盟を結んでいる三十の国を含んだ広範囲の集合体を指しているのです。つまり邪馬壹国という場所に女王が住んでいて、三十の同盟国に目を光らせているとの図式でしょうか。

「郡より女王国に至るには」の「女王国」は女王連合国だから邪馬台国のことではない。邪馬台国ならば、「郡から邪馬台国までは」と陳寿は書くはずである。女王国と耶馬台国は同一ではなく、女王連合国を南へ南へと行ったところに邪馬台国があるのである。

さらに、誰もが当然のように覚えている「邪馬台国の女王」という肩書きも正しいとはいいがたい。じつは、「魏志倭人伝」の二千文字余を頭から最後まで目を通しても、卑弥呼が邪馬台国の女王であるとはっきり書かれた記事はないのである。卑弥呼の登場シーンを確認したところで「倭国が乱れて何年も戦いが続いた。そこで共立して一人の女王を立てた。それが卑弥呼である」とあるのみだ。

この倭国と邪馬台国はイコールではない。

倭国とは、邪馬台国をはじめとして、伊都国や奴国など三十余りの諸国からなる連合体の総称であり、中国が日本列島内に認めた政権に過ぎないのだ。この事実を前提として読めば、「倭国が乱れ、そのなかの一国である邪馬台国に女王を共立した」となり、前後の文脈が合わなくなることが分かる。つまり卑弥呼は、邪馬台国の女王ではなく、倭国の女王であるという理解が正しい。

これらの用例をみていると、疑問がわいてくる。なぜ陳寿は「邪馬台国」と書かずに「女王国」と書いたのだろう。日本人の倭人伝への関心は、邪馬台国に集中してきたといってよい。しかし陳寿は、「邪馬台国」を一カ所でしか用いず、「女王国」を五ヵ所で用いているのである。この事実は、私たちの関心と、陳寿の意識の間に、何か私たちが察知しえていないずれがあることを示唆しているのではないだろうか。

ここの区別ができていないものだから、種々雑多な解釈が入り交じって混戦模様を呈し、更には自説を擁護したいがために他者の考えを全否定する乱戦模様にまで突入してしまったのです。

南至邪馬壹國女王之所都水行十日陸行一月

さあ、また出た水行十日ですが、ここは前項で説明したように、投馬国を調査した一行が戻るのを待って出帆した説を応用して、実質的に船で走ったのは数日と見るのが妥当です。だとすれば南ですから、有明海を抜けて島原湾内のどこかということになります。そうなると当然、熊本のふところ深くまで飛び込んでしまうので、邪馬壹国は熊本平野の某所にあると断定するのが普通でしょう。

水行に続く陸行一月もまた難題で、船で十日走り、陸に上がって一ヶ月歩くなんて解釈するものだから、とんでもない場所まで行ってしまうのです。その他にもこれは帯方郡からここまでの全行程を示したものだとか、一ヶ月をどうにかして一日に縮めたいので日と月の書き間違いだとかの暴論まで出てくる始末です。

いわゆる漢文は主語が省略されることが多く、おまけに句読点もないので読みにくいのですが、ここは素直に、最初に上陸した場所から歩いてくるなら一ヶ月程度はかかるだろうと読み解くべきでしょう。

女王国以北問題にケリをつける

一行が邪馬壹国に到着すると、さっそく女王国の規模の調査に入りました。天子からの命令で出す報告書だから、なるべく正確を期さなければなりませんが、そこでネックとなったのが言葉の壁です。

おそらくこの時期には、和国にはというよりも、大陸や韓国との往来が頻繁な九州北部から中部にかけては、漢字が入ってきていたに違いありません。ただしそれが伝播してきたのは韓半島からであって、同じような漢字は使うものの、大陸と韓半島では言葉がまったく違うのですから意味としては通じないのでしょう。

だから和国の役人が板に書かれていたクニの名を次々と読み上げるのを、郡使が次有という接続詞を使って聞き書きしていったと思われます。論者で、他国の記述では国名をあげるのに、最初に有の一文字があって次からは省略するのが普通なのに、倭人伝に限って次有が反復して使用されているのは不可解だと述べている方がおりましたが、上記のような説明で納得いただけるでしょうか。

しかし、この二十一の旁国は、「遠絶にして詳らかにすることができない」と明記しているい国ぐにである。またいうまでもなく、里数・方位はもちろん日数も記されていない国である。

白石がそうであり、以後すべての論者も、比定の手がかりは地名しかないのである。当時の正確なよみかたさえわからない現状で、地名の類似だけで、比定地をきめるのはつつしみたい。あえて比定をする場合でも、「遠絶にして」の一句をおもく見るべきであろう。この「遠絶」の意味は、女王国をまずどこに比定するかによって大きく異なってくる。

つぎに斯馬国〈志摩国〉があり、つぎに巳百支国〈伊勢国石城〉があり、つぎに伊邪国〈志摩国答志郡伊雑宮、伊勢国度会郡伊蘇郷〉があり、つぎに都支国〈伊勢国度会郡榛原神社〉があり、つぎに弥奴国〈美濃国〉があり、つぎに好古都国〈美濃国各務郡、美濃国方県郡〉があり、つぎに不呼国〈美濃国池田郡伊福、美濃国不破郡〉があり、つぎに姐奴国〈近江国高島郡角野郷〉があり、つぎに対蘇国〈近江国伊香郡遂佐郷〉があり、つぎに蘇奴国〈伊勢国多気郡佐奈神社〉があり、つぎに呼邑国〈伊勢国多気郡麻績郷〉があり、つぎに華奴蘇奴国〈遠江国磐田郡鹿苑神社〉があり、つぎに鬼国〈尾張国丹羽郡大桑郷・美濃国山県郡大桑郷〉があり、つぎに爲吾国〈三河国額田郡位賀郷、尾張国智多郡番賀郷〉があり、つぎに鬼奴国〈伊勢国桑名郡桑名郷〉があり、つぎに邪馬国〈伊勢国員弁郡野摩〉があり、つぎに躬臣国〈伊勢国多気郡櫛田〉があり、つぎに巴利国〈尾張国、播磨国〉があり、つぎに支惟国〈吉備国〉があり、つぎに鳥奴国〈備後国安那郡〉があり、つぎに奴国〈難県、那津〉がある。これが女王の（支配している）領域の尽きる所である。

「其の余の旁国」リスト冒頭の「次に斯馬国有り」とは、文脈の上からすると、明らかに「女王国〈邪馬台国〉の次に有り」ということを表している。その起点となっている邪馬台国は、不弥国から、南のかた投馬国に至る……南のかた邪馬台国に至ると、南下して至ると記されているので、邪馬台国の「次に有り」とは、邪馬台国の「南に有り」ということを表していると理解すべきだろう。そして、斯馬国に続いて、「次に巳百支国有り」とつないでいるのは、巳百支国が斯馬国の南に位置することを示していると理解すべきだろう。以下、煩をいとわず各国に「次有」を重ねてつないでいることは、各国が順次に南方へ単線状に連なっていることを示していると理解すべきだろう。

右の推測は末尾に、次に奴国有りて、此れ女王の境界の尽くる所なり。其の南には狗奴国有りとある文脈によって、間違いないことが確認できる。

斯馬国（杵島・藤津）、巳百支国（松浦）、伊邪国（松浦）、都支国（小城）、彌奴国（神崎・佐賀）、好古都国（葦北・八代）、不呼国（球磨）、姐奴国（宇土・益城）、對蘇国（阿蘇）、蘇奴国（阿蘇）、呼邑国（合志・菊池）、華奴蘇奴国（阿蘇）、鬼国（飽田・託麻）、為吾国（山本・玉名）、鬼奴国（山鹿）、邪馬国（三潴・山門・三毛・上妻・下妻）、躬臣国（御位・山本・竹野・生葉）、巴利国（夜須・上座・御原）、支惟国（基□・養父・三根）、鳥奴国（御笠）

そして上記のように二十一の国名が列挙されるのですが、論者の多くはこの国名を現在の日本にある市町村名に当てはめようと躍起になるのですが、そんな無駄なことはおやめなさいと申し上げておきましょう。

なぜならば和国の役人が発音するクニの名に、郡使が母国語である漢字の音が似ているものを当てて記録したのですから、そのまま和語読みしても意味がないからです。これは論者のほとんどがすんなりと落ちてしまう陥穽で、自分が深い落とし穴にはまっていることすら気付かないのでしょうね。

これは国名や官名のほか、人名にも当てはまる誤謬で、それならどうしたらよいのでしょうか。答えは簡単で、郡使が書きとめたところから逆に遡っていくのです。つまり倭人伝中の固有名詞を古代中国語読みし、その音に似た和語を当てるのです。そんな風に逆読みしなければ読み解けるはずもない地名を、ストレートに和語読みしてああだこうだと言ってるのですから、呆れます。

ましてや一千八百年も前の地名が、今でも同じ場所に残っているケースの方が少ないのではないでしょうか。もちろん皆無とはいえないでしょうが、ごく普通に考えれば書での記録が残せるようになった以前の地名は、言い伝えのみによって後世に伝わったのであって、かなりの変遷や消滅があったとしても不思議ではありません。

ところでこの項目は、こんなことを主張するために設けたのではなくて、論者の間でも判断の分かれる女王国以北問題に決着をつけたいがためのものなのです。そこでどこがどんな風に問題なのかを知ってもらうために原文を出してみますが、この一文は次有でクニの名が二十一あげられる前に挿入されていることは覚えておいて下さい。

自女王國以北其戸数道里可略載其餘旁國遠絶不可得詳

一般的な読み方としては、女王国より北はその戸数も距離もほぼ載せることはできるが、その他にある傍らの国は遠く絶しているのでつまびらかにすることができない、あたりでしょうか。もう少しうがった読み方としては、戸数道里を載せるのを省くべし、というのもあります。

いずれにしても真ん中で一度文意を切り、その他の旁國はの説明文に入るとの判断は共通しています。さあここで困ってしまうのは、女王国より以北の文言で、女王国とは大きな邪馬台国と同義であると考えていますから、脱出不能な自家撞着におちいるのです。

ここまで本書だけを読み進んでくれた人は、この邪馬壹国が熊本平野のどこかにあるのだろうと思っているでしょうが、ほとんどの論者はそうではなく、九州の北部に比定しているのです。近畿説は論外にしても「委奴のしばり」によって頭脳が金縛り状態になっている論者は、やはり九州の中域くらいまでしか想定できないので、北側にはほとんどクニがない状態なのです。

それらをひとつずつ論破するのは大変なので、あえて次に進みますが、これでもまだ邪馬台国は九州北部沿岸にあったとの主張を崩さない人はいるんでしょうねえ。

一万二千余里問題を解明する

女王国の南に国境を接して狗奴国があり、ここことは後ほど戦争状態になるのですが、帯方郡から女王国までの距離がこの文脈に続いて挟み込まれます。

自郡至女王國萬二千餘里　計其道里當在會稽東治之東

この帯方郡から女王国までの距離は一万二千里あまりである、という書き方に納得できる説明をしてくれた論者は皆無なのです。

つまり、女王の（国々の）南には、女王に属さない狗奴国があることに触れたうえで、帯方郡から女王国（邪馬台国）へは一万二〇〇〇余里である」という一文で行程記述を締めている。この締めの一文は非常に重要で、後世の『後漢書』や『隋書』でも邪馬台国（女王国）までは約一万二〇〇〇里であるとされており、ほとんどの研究者にもこの数字は確実なものとして扱われている。

この数字にしたがえば、（連続説を採用した場合）不彌国から邪馬台国へ距離は一三〇〇里である。帯方郡から狗邪韓国への「七千余里」、狗邪韓国から対馬国への「千余里」、対馬国から一大国への「千余里」、一大国から末盧国への「千余里」、末盧国から伊都国への「五〇〇里」、伊都国から奴国への「百里」、奴国から不彌国への「一〇〇里」の合計が一万七〇〇余里だからである。

つまり（一万七百余里）＋（水行二十日）＋（水行十日）＋（陸行一月）＝（一万二〇〇〇余里）という式が成り立ち、（水行二十日）＋（水行十日）＋（陸行一月）＝（千三百余里）という解が求められるはずなのであるが、ここで問題が発生する。

「水行二十日」「水行十日」「陸行一月」という合計二か月で、わずか千三百余里しか進まないのである。筆者の考える一里は約七〇メートルなので九一キロメートル強ということになる。二か月もかけて九一キロメートルということは、一日一、五キロメートルしか進んでいない計算になる。各所で滞在しながら進んだという説を採用しても、あまりにも遅く非現実的な数字である。そして、多くの研究者がここの辻褄を合わせようとしてさまざまに論考しながら、いまだ納得できる結論には達していないというのが現状ではないだろうか。実際、筆者もなるほどという説明に出合ったことがない。

けれども、もしこの「万二千余里」なる里程が、その実、郡より女王に至る里程とは、何等の関係を有しないもので、ただ郡より狗邪韓国に至る七千余里と、倭地の周旋五千余里とを加えて捏造せるものであるとすれば、魏略の撰者は、何の必要ありて斯くの如き捏造を敢てしたであろうか。殊に不弥国より投馬国を経て耶馬臺国に至る行程が、日数によりて知られ居る場合に、その日程記事を扶けないばかりでなく、却ってその記事を肯定するが為には、大なる妨害となるが如き里程記事をば、態々捏造付記するの必要が何処にあるであろうか。その説明に苦しまざるを得ないのである。

つまり、「万二千里」というのは、中国の直接支配をうけていない国の王都がはるか絶遠のかなたにあることをあらわす観念的な里数なのである。

『漢書』の書例にならう陳寿が、これを『魏志』の鮮卑の条や倭人の条に応用したのであって、鮮卑の東西が「万二千里」というのも、帯方郡から女王国まで「万二千余里」というのも、「長大な距離」という観念的里数にすぎない。

例によって逐一反論はしませんが、改めて私のコースを述べてみましょうか。

北松浦半島の北端にある田平に上陸した調査団一行は、東南方向に五百里歩いて伊都国（大塔）につき、東南に百里歩いて奴国（小野郷＝佐世保）、さらに東に百里で不彌国（佐世保市ひうみ）まで時間をかけて踏査、船に戻ってさらに南下を続け、有明海に進入して投馬国（三瀦《みずま》）とたどってきたまでは説明しましたよね。あれ、説明してなかったですか。

初出であれば、もう少しかみ砕いた解説をしてもいいですが、必要ないですよね。素直な皆さんなら、素直に納得してもらえたでしょうから。

とにかく投馬国からさらに南下して邪馬壹国にたどり着くのですが、そこが現住所ではどの町名になるかについては、まだ教えられません。もう少し後、「校尉梯儁の見たまま女王国」あたりには出てくるでしょうから、お楽しみに。

帯方郡から狗邪韓国までが七千里、海を渡って末盧までが三千里、上陸地点から伊都国まで東南に五百里、そして奴国と不彌国間がそれぞれ百里ずつで、ここまでの移動距離の合計は一万七百里となります。一万二千里から引くと、残りは一千三百里となります。

佐世保から百里東の不彌国から熊本平野のあたりまで、ちょうど千三百里、一里九十メートル換算で百二十キロくらいになりませんか。

ところでかなり唐突な感じで合計の距離が出てきましたが、不彌国までは実際に歩いて測った距離で、不彌国あるいは伊都国からの距離は伝聞だろうと思います。伊都国には郡の関係者がたくさん常駐していたのだから、誰かに邪馬壹国までの距離を聞いて合算し、報告書のこの部分に挿入したのではという考え方です。

さてこれで一万二千里問題は解決しましたが、論者の皆さんが一斉にツッコミを入れているのが次に持ってきた文章でしょう。

計其道里當在會稽東治之東

確かにこれはもっと別な、素っ頓狂な場所に入っている一文ですが、竹簡が紛れ込んだ可能性を考えると、この入れ替えがとてもスッキリするのです。

たしかに二千字足らずの「倭人伝」をよく読むと、あいまいな記述が多くて、具体的な事実を知るのに困ることがある。それにところどころ文意の通じないところがある。一つの文章の次にまったく別な流れの文章がだしぬけにきている感じのものもある。

また、文章と文章とのつながりも、なめらかにいってないところがある。

そんなことから、「倭人伝」には、帯方郡庁からの報告だけでなく、別な資料が混入しているのではないかという説もある。

また、文意の通じないところや、つながりのよくないところなどは、もしかすると筆写するうちに、文字が脱落したのではないかと疑われる箇所もある。たとえば「以て卑弥呼死す」とあるが、その主語にあたる章句が無い。これなどは代表的な脱落である。


その意味は、女王国までの距離と方角を測った結果、會稽東治の真東方向に当たる、と私は読みました。會稽東治とは揚子江の河口付近の意味ととらえる論者は多く、例えば鎮江だったら北緯三十二度の少し上で、これまたちょうどいいじゃありませんか。

この一文の會稽東治を會稽郡の東冶と読んで、もっと南方の今の台湾の近くであると主張する人たちもいます。当時の大陸では和国がもっと南に延びていると認識されていて、現在の福建省の東まであると考えていたから、東冶の東で正しいとのご説ですが、それはそれでおかしなことになるでしょう。

だって福建省のすぐ東側まで和国が来ているのなら、頑張って韓国経由で行かなくても、温州とか福州あたりから真東に船で向かえばすぐという理屈になるじゃないですか。

これほど極端に和国を伸び縮みさせなくても、やはり邪馬台国は南方にあったと主張する人は多くて、その根拠がやはり水行合計三十日の呪縛から逃れられずにいるからでしょう。鹿児島や沖縄ならまだ可愛げもありますが、極端な論者はエジプトやジャワ島まで主張しているのです。

この一連の文章が収まっている直前では入れ墨の解説があり、すぐあとでは別な習俗の説明が続くのですから、入れ墨や風習のことが書いてある別文書を思い出して、そんな解釈をしてしまうのも教養ゆえでしょうか。

前に倭人伝の文意がつながらない箇所があり、竹簡の順序が狂っている可能性を指摘しましたが、これなどはまさに好個の事例であって、この一枚だけ風俗描写の間に紛れ込んだから、とても紛らわしくなってしまったと私は考えています。

「倭人伝」には、倭国の南方的風俗が描かれている。この一連の記事は華南の資料が陳寿の「倭人伝」編纂のときに、その風俗の相似性からの注釈的引用が、書写の段階でいつのまにか本文に「まぎれこんで」しまった疑いがある。

私が魏志倭人伝のみによって邪馬壹国を読み解こうとするのは、とても他の文書を解読記憶するだけの教養がないせいもありますが、それらの情報量がかえって目を曇らせる結果がなきにしもあらずだとも思うからです。

頭がいいのは記憶力がいいということであって、必ずしも応用力やアイディア力に直結してはいない、とは誰かが言った名言であって、私もそう思います。

だから古墳や銅鏡に精通している人の本は、邪馬台国はどこへやら、その場所や分布にかなりのエネルギーがつぎ込まれていて、読むのに苦労してしまいます。同じように古代中国の歴史家は、国の盛衰や権力者の足跡をたどるのに夢中で、邪馬台国は付け足しみたいになっている場合も少なくありません。

その他にも教育者や教養人、統計学者から著名作家、はては単なるファンまで乱入して収拾がつかない状態とも思えますが、さすがにしがない官能小説家は私ひとりしかいないみたいですね。

おそらくここまで読んできてくれた人は、ものすごく怒っているのでしょう。自慢の自説をことごとくひっくり返されて、しかも反論もできないくらいの解までついているのですから、かなり悔しがっているのではと同情いたしますが、この程度はまだ序の口ですから、それなりの覚悟をしておいて下さい。

がっかりさせついでに、もう一発、強力なパンチをお見舞いしますが、そもそも女王国にそれほど絶大な権力があったのでしょうか。

論者の多くは正始元年の魏使が初めて和国を訪れて調査したと考えていますが、もっと以前から活発な交流があったと考える方が自然で、だとすれば帯方郡からの派遣官はすでに重要なポストをおさえていたのでしょう。そこいらの事情を解明するために、少し長めに原文を掲載します。

収租賦有邸閣國國有市交易有無使大倭監之自女王國以北特置一大率検察諸國畏憚之
常治伊都國於國中有如

租税を納めるための邸閣が国々にあり、市中での交易のありなしを大倭自らに之を監視させている。

女王国の北寄りには特に体の大きな兵卒を一人配置し、諸国は彼の検察ぶりを怖れ憚っている。常には伊都国にいる彼は、体がいくつもあって国中ににらみを利かせているかのようだ。

この意訳文は意図的にふたつに分けたもので、その理由は主語が違っていると考えるからです。

最初の文の主語は女王で、経済活動は女王国の自由に任せていると読みます。

次の主語は帯方郡派遣官で、女王国を力でねじ伏せている様子がまざまざと見て取れます。たった一人の兵卒がそれほど恐れられるのかという疑問はあるでしょうが、三国志の戦い方を思い出して下さい。多少の誇張はあるにしても、石弩部隊が前面に展開して、一斉に鉄鏃の矢を放つのです。攻められる方は雨あられとふりそそぐ矢を鉄製の盾で防ぎ、チャンスを待って鉄製の矛や戈、痛そうな長刀などで相手に切り込むのですよ。

物語として読めば血湧き肉躍る描写ですが、そんな鉄兜と鉄製防具を身にまとった大男が、長い刀を腰に差し、ものすごく長い鉄矛を抱えて徘徊していたら、誰も逆らおうとはしないでしょう。なにしろ当時の女王国には、銅剣か丸木の弓程度しかなかったのですから。

そうなると女王国は、高度な自治を認められた群落の集合体となって、支配下とまではいかないにしても、帯方郡の役人には頭が上がらないことになります。

どこからか非国民とか中国のイヌとかの声が聞こえてくるみたいですが、どうしてそう考えてはいけないのでしょう。力関係からいえば当然だし、魏の方にしても利用価値があるからゆるやかな管理体制を敷いていたと思われるのです。

論者の中にも、あやうく鼎立している三国ですから、呉や蜀が和国と手を結んで魏の背後を衝くのを恐れたとの主張が散見されることから、あながち遠くもない見解だと思います。

すなわち、北部九州は後漢のころから中国の支配を受けていたからだ。しかしそれは洛陽政府直接ではなく、当時の出先機関の楽浪郡（郡治はいまの平壌付近）大守が意を受けて行なっていた。

要するに倭は後漢時代から中国朝廷と直接に交通するのではなく、その間に朝鮮の中国出先機関が介在して取り次ぎをしていて、とくに時代の下る帯方郡のころは、郡大守による倭の監督がきびしくなり、それはすでに管理の形態になっていたのである。


それでも心情的には、外国に支配されていたとは認めたくないでしょう。私も内心では認めたくありませんが、こう考えると皆さんが四苦八苦して辻褄合わせをしている部分もなめらかな読み方が可能になります。

つまり一大率を配置している主体は帯方郡の派遣官であって、佐世保港（大塔）は港湾施設ごと郡の管理下に置かれている、いわば治外法権的な場所になってしまっているのです。

さあそうなると、日本国を制圧するどころの騒ぎではなくなるわけで、帯方郡の管理官に首根っこを掴まれて、それなりの範囲の住人を養っていくのに汲々としている邪馬台国像が見えてきます。

内心では思っていたものの、ここまで大胆には発表できなかった論者がいるのは当然で、この業界でこれを言っちゃあおしまいなのでしょう。けれども私はいかなるしがらみからも離れているし、群れて同調するのもきらいなので、平気で主張しちゃうのです。もう一度整理しますと、邪馬壹国とは熊本平野にある村落の内のひとつを指しているに過ぎず、そこでは男王がまつりごとを行い、卑弥呼という姉がサポートしている。郡使が冷やかし気味に二十あまりの連合を女王国と呼んだだけで、実態は帯方郡の派遣官に実権を持たれた上での高度な自治を約束された、有明海と島原湾そして大村湾を囲むような形の村落の集合体が、いわゆる邪馬台国である、と。

何万人もの邪馬台国ファンが、一斉に頭から湯気を出して怒りまくっている情景が目に浮かぶようですが、この本がそんなにいっぱい売れたらうれしいなあ。

なぜ、卑弥呼を素直に受け入れるのか

さまざまに論戦を繰り広げる中で、卑弥呼という名前については誰も異議を唱えない

ことをおかしく感じます。

倭国の女王として共立された女王・卑弥呼だが、、この名前についても、不可解な点がいくつかある。その第一が、読み方だ。現在、当たり前のように「卑弥呼」を「ヒミコ」と読んでいるが、この字はもともと中国人が倭人の発音を聞いて、その発音に近い音を持った漢字を当てはめたものに過ぎない。

そしてこの卑弥呼という漢字は、「ヒミコ」に限らず、「ヒメコ」や「ヒミオ」など何通りかの読み方ができる。この問題についても、論議が始まって以降、意見が交わされてきたが、現在は「ヒミコ」か「ヒメコ」のどちらかではないか、と結論づけられている。（中略）

このほかにも、「ヒミコ」は、「ヒ」の「ミコ」つまり霊力を持った（ヒ）、御子（ミコ）と解釈する説もある。その場合「ヒメコ」であれば、同じく特異な霊力を持ったメ（女性）に人名の接尾語「コ」をつけたと推測できるという。

また、もっとも有力な説としては「姫尊《ひめみこと》」と読み、王族の娘さんという意味で使われていたとするものもある。

このように日御子、姫児、姫子、姫尊など諸説入り乱れている形ではあるが、いずれも「貴人女性の尊称」であるという点では一致している。卑弥呼の名は私たちが「皇后」「姫」と尊称で呼ぶように、地位や役職を示す尊称や称号にすぎず、異国の著者の筆により、誤解されて個人名として伝わったといえるかもしれない。

通例、「卑弥呼」と書かれています。ですが、あれは「俾弥呼」が正しい。正式の名前です。何より、当人（女王）白身が、「俾弥呼」と書いて（自署名）、中国（魏朝）へ手紙を出したのです。それを倭人伝では「卑弥呼」、と「略記」したのです。

ではなぜ倭人伝に出てくる彼女の名前を、五回とも「俾弥呼」と書かなかったのか。その理由は書かれていませんが、察することはできます。東夷伝という東方の蛮族にふさわしく、「略字」の「卑」を使ったのです。魏朝の天子や重臣の「中華至上主義」のイメージを満足させたのでしょう。彼は魏・西晋朝の史官、つまり官僚の一員でしたから。しかし、帝紀には正式の名前を書いた。これが彼の歴史家としての見識です。

ところで、「卑弥呼」は文字どおり「卑しい」という意字である。このような文字をわざと使っているのは、さきに述べた「倭人伝」が儒教思想や神仙思想で書かれているというのと矛盾するようだが、そこはやはり中華思想が優先するのであろう。倭国はやはり中国からみて「東夷」の国であった。いかに東海の女王の名であろうと、中国の差別語からのがれることはできない。

卑弥呼のヒミは、干潟の海、有明海を示唆していることは明らかである。そして、呼のコは鉤のコで、チ、すなわち釣針に見立てられた島原半島を主体とする邪馬台を指しているものであろう。なおまた、ヒは火を、ミは箕によって同じく邪馬台を表現しているとも考えられるのである。

どのように卑弥呼は財力を得たか、その答えは、言うまでもなく鉄の交易の支援である。卑弥呼は、鉄を巡る対岸交易で、「海を渡る」というノウハウを提供したサービス業の女社長だということができる。そう考えれば、交易を行った都市国家に君臨し、朝貢を行ったことの説明がつく。

九州全域、北陸から山陰までの日本海全域の都市国家の対岸貿易航路を支配し、祈祷や交易業務の取次サービスを行うことで、お布施、手数料を得ていたと考える。具体的には、渡航する際の漕ぎ手の手配、宿、食料の提供、船の修理などサービスの提供、船の提供まであったと考える。その対価はモノの上納で、これが卑弥呼の収入源であった。

今でいう旅行代理店、船貸し業、乗組員手配業、さらに天気予報業務である。それから忘れてはならないのは疫病である。遣唐使の時代もそうであるが、この時代も大陸からコレラやチフス、赤痢などの伝染病が流行った。それを治療するのは巫女の祈祷であった。

ほとんどの論者が抵抗感もなく受け入れている名前ですが、これを普通に漢語読みすれば「ベイビーブー」ですよ。もう少し柔らかく読んだとしても「ビミブ」程度であって、一国の女王に当てはめるにはあまりにも見下した名前じゃないですか。

そもそも中華思想に凝り固まっている魏臣や郡臣達ですから、最初から和国を蔑視しているのはわかりますが、それにしてもひどすぎます。それならなぜ、官吏達がこんな字を女王に当てはめたかと言えば、おそらく最初の報告書の中に禁じられた字が入っていたのでしょう。

例えば「日天子」とか「貴姫」とかが当てられていたら、そのままに報告はできませんから、何人かが知恵を出し合って意訳したのでしょう。

それまでの報告書の中から役割を選び出して、「卑しい身分の者たちを呼び集めて教え導く」すなわち卑弥呼となったのではないかというのが私の推論です。たまたま和語読みでも「ヒミコ」と読めなくもないので定着したのかと思いますが、その根拠を示せと言われれば狗奴国王名の「卑彌弓呼」とのバランスです。

「倭人伝」にいう狗奴国男王の名「卑弥弓呼」は、実体のないものだとわたしは思っている。おそらく伊都国に駐留していた帯方郡使は往民のだれにきいても狗奴国王の名がよく分からないので、卑弥呼の名をまん中から割って、男の酋長の闘争性をあらわす「弓」の字を挿入して、ごまかしたものであろう。卑弥呼を「王」の名とする考えから出たことである。「卑弥弓呼」は現実の名の音を漢字にうつしたのではないから訓みようがない。それを無理に解釈すると、「深読み」による誤りがおこる。

「卑しい身分の者たちを弓で脅して集め教導する」との意味ですから、見事なまでに卑弥呼と同レベルの名前になっています。

卑弥呼にしても卑弥弓呼にしても、もっと好意的に別な意訳をする論者もいますが、いずれにしても両者間の名前のバランスが見事に取れていることに異議はないでしょう。

卑弥呼という名からくる響きそのものにロマンを感じているファンの方々には申し訳ありませんが、私の解釈はこうです。

そしてもう少し幻滅してもらうとすれば、女王国、あるいは女王という言い方の中に含まれるからかい、もしくは揶揄とも言うべきさげすみの感情です。つまり女王とか女王国とか表現するときには、心の底からリスペクトしているのではなく、いわば括弧付きで使っているのではないかということです。

倭の諸国の男王たち（群落の酋長ども）は長いあいだ互いの争闘に疲れ、その中から傑出した者がいないために、勢力均衡の上から相談して、鬼道（巫術）をよくする巫女の卑弥呼の占いによる予言に従うことにした。これが「倭国乱れ、相攻伐すること歴年、乃ち共に一女子を立てて王と為す。名づけて卑弥呼と曰う」である。卑弥呼を「王」だと考えたのは、酋長どもが彼女の予言に従っているのを郡使が見て錯覚からそう報告したのであり、それを陳寿が女の王とは珍しいと思い（中国では唐の則天武后が出るまでは女王はない）「女王」と表現し、さらに自己のつくった「女王」の幻想にひきずられて「宮室・楼観・城柵、厳かに設け、常に人有り、兵を持して守衛させ、婢千人」という漢代の王城を「倭人伝」紙上に創作しただけであって、卑弥呼の実態は諸国王に共にささえられている貧弱な巫女にすぎない。

大陸にはめずらしい女王国が誕生したという事実を針小棒大にとらえ、さらには面白がって大げさに報告書の中に記したものが、いつしか一人歩きをしてこれほどの論争を呼んだのでしょう。

倭人伝を通読してみても、卑弥呼に強大な権力があるなどとはどこにも書かれてはいないのです。それを確かめるために、論者が根拠としているであろう原文を出してみます。

有男弟佐治國

この部分を「卑弥呼が国を治めるのを男弟が助ける」と読み解く人が多く、その後に続く千人の婢を侍らせるのも卑弥呼を主語にするから謎めいた女性となるのです。

倭人伝に「男弟ありて国を佐け治む」と記されている卑弥呼の「男弟」に注目したい。卑弥呼の出自が血統の尊貴性をもたない民間人であったのなら、その男弟が国務を執行しうる権威を帯びていたことの説明がむずかしいのではないだろうか。卑弥呼を「共立」した勢力が姉弟をセットとする体制に服したのは、姉弟ともに尊貴性が備わっていたから、つまり、姉弟の出自が伊都王家であったからであろう。

私はこの部分は「卑弥呼は弟王が国を治めるのを助けるあり」と読み下し、そのあとの部分も弟王を主語に置くことによって、がらりと意味が違ってきます。つまりはハーレムですが、これは私が主張しているのではなく、主語を変えたらこういう解釈もできますよと申し上げているだけですから誤解のないように。

さすがに千人の婢は多いと思いますが、天子に仕える臣下が忖度して数を割り増ししたのでしょう。

ハーレムではなくて、本当に卑弥呼が城柵に囲まれた宮室の主人だとしても、やはりそこにはあまり権力（軍事力）の匂いはしません。

つまり論者の何人かが言及しているような二頭体制、男王がまつりごとを司り、女王が吉凶を占うという分業がおこなわれていたと考えると無理がないのです。

けれどもこれではあまりにも当たり前すぎて、ロマンもへったくれもありませんやね。だから多くの人が願望を込めて、邪馬台国を強大な権力を持った女王卑弥呼が治めていて、その領土は九州のみならず、遠く近畿や関東にまで及んでいると想像したいのでしょう。

けれども冷静になって、よく考えてみて下さい。伊都国と奴国、そして不彌国の距離が合計で二百里ですよ。この本では一里が九十メートルと決めつけていますから、三つの国が十八キロ圏内に存在していて、そんなクニが全部で二十数カ国なのです。

どう考えても、本州に届くどころではなく、極めて狭い範囲のゆるやかな郷の集合体あたりに落ち着くのではないでしょうか。あまりにも皆さんのロマンをぶち壊すようなことばかり言って申し訳ありませんが、倭人伝を素直に読むとそうなってしまうのですから、私を恨まないで下さい。

きっと、ハーレムが頭にこびりついて離れない人も数人いるでしょうから、その部分を詳しく解いてみましょう。


自為王以来少有見者以婢千人自侍唯有男子一人給飲食傳辞出入居処

前の方で、主語を誰にするかで意味がずいぶんと違ってくると述べましたが、ここでも鮮やかな転換が起きます。

（二人が）王に為ってより（二人の）姿を見る者少なし。婢千人が自ら侍り、ただ一人の男王に飲食を給じ、辞を伝えるために居処を出入りす。

これが私の読み下し文ですが、他の論者とは微妙に違っているので、特別に近藤健夫氏の本から引用させてもらいましょう。

王ト為リシ以来見ル者少ナク　婢千人ヲ以テ自ラ侍セシム　唯男子一人有リ飲食ヲ給シ辞ヲ伝エ居処ヲ出入ス

近藤氏は卑弥呼を主語とするのに対して、私は後半部分の文章は婢にかかっていると解釈したので、これだけの差が出たのです。それがどうしたと言われると困りますが、つまり卑弥呼の偉大さを誇張するような取り方が、どうにでもできると言いたいのです。それにしても、ハーレムは言いすぎですかね。

怒らせついでにもっとうがった見方をすると、二人の王が帯方郡派遣官によって幽閉されたととることも可能です。そうなると姉弟は体よく王に祭り上げられただけで、実権は帯方郡が握ってるとなりますが、さすがにそれはないと私も思います。

もうひとつの以北問題

女王国以北に特に一大率を置いて諸国を検察させる、という文章が続くのですが、さすがにここまで来れば、倭人伝本来の順序とかなり違っていると気付く人が出てくるでしょう。

そうです、私は最初の方で触れたように、勝手に倭人伝を切り貼りしているのです。その作業は実際に、倭人伝のおかしいと思う部分を切り抜き、適当と思う順序に貼ったりして進められました。

どうしてこんな無謀かつ不遜なことをしたかというと、どうしても倭人伝の順序が狂っていて、まったく文意が通じない箇所が多すぎると思ったからです。

最初から逐一読み下していくとわからないけれど、なんとなくざっと読み通していくと、どうしてこの一文がここに紛れ込んでるのとか、この唐突な場面転換はなに、なんて思われる部分が少なくありません。

それでも金科玉条として順序通りに読むべきだと言いたい人もいるでしょうが、私はいやですね。せっかく大昔の和国の事情を今に書き残してくれている資料ですから、なるべく本来の形に戻して正確に読み解きたいと考えるのがいけませんか。

まあ、そんな風に大上段に構えることもありませんが、とにかくここではもうひとつの以北問題を解いてみたいと思います。

使大倭監之自女王國以北特置一大率検察諸國

ここを女王国以北には特に一大率（兵団）を置いて諸国を検察させる、と読み解くから矛盾が発生します。

そうすると、伊都国に常駐（伊都国で常に政務を執っていたという意）していた一大率なる官は、対馬国、一支国や北部九州に所在した末盧国・伊都国・奴国・不弥国を検察するのみならず、伊都国から二百余里と水行二〇日も隔たった投馬国をも検察していたことになる。それが不可解なのである。

「一大率」はイタノソツであって、今風にいえば、板付駐屯軍司令官といったところである。

「常には伊都国に治す」というのは、率（軍司令官）が、北方の諸国（「以北」）が治安を乱さないような平常時には、郡使の往来する伊都にいて治めていて、ちょうど「刺史の如く」、つまり文官的な知事のような役目を兼任しているという意味になる。「常」というのは、「戦時」「非常事」に対することばで、「いつも」「常時」の意味に解してはならない。

どうして「女王国自り以北」を特に軍事的に取り締まる必要があったか。それは倭に七十数国の「服従（まつろ）わぬ国」が存在していたからで、「以北」というのは、おそらく山陽、山陰、それに四国北部などの、投馬国同盟国を指したものであろう。

そうして「一大国」も「伊都国」も、共に魏（帯方郡）の植民地で、一大国は軍事基地（板付は一大の城の意）、伊都国は行政府に相当するわけである。

女王国を飛び越えてその北側に一大率を置くとは、どういう状況でしょうか。ましてや九州北岸に邪馬台国を比定していることが多い論者ですから、海を検察させるのでしょうか、それとも対馬や壱岐、あるいは韓国を見張るのでしょうか。

そしてこのあとにすぐ伊都国が出てくるのも悩みの種で、苦し紛れに一行は伊都国に止まって、邪馬台国には行っていないなんて暴論にまで発展してしまうのです。

天子から届けるように命じられた大事な卑弥呼への贈り物を、誰かに託して平気でいられる官吏なんているでしょうか。高価で貴重な贈り物だけでなく、親魏倭王の金印紫綬まで託されているのに、その一番大切な役割を果たさない役人なんて、とてもいるとは思えません。

それではどうすればよいのかと言うと、自の字で切ればよいのです。その前段を、大倭自らこれを監せしむ、と読み解くと、女王国（邪馬壹国）の以北に一大率を置くとなるじゃないですか。

大倭や一大率を伊都国をはじめとする北方へ派遣している者は、女王卑弥呼ではなく、帯方郡であるとの解釈を先にも叙述したとおり、ゆるやかな自治しか認められていない状況では、警察官や検察官の役職を割り振るのは郡派遣官の役割りであると考えられるのです。

そうなると当然、統属問題も解釈が違ってきます。

伊都國：世有王皆統属女王國

伊都国には代々王様がいて、みんな女王国に統属されている、と読むのが一般的ですが、邪馬台国には女王の他にも王がいることになってしまって、大いなる矛盾を呈するのです。よしんば代々の王が伊都国にはいたとして、それでは他のクニとのバランスが取れないのです。

『魏志』倭人伝によれば、伊都国のみに代々王が存在するということ、また彊権をもって諸国を監察する「一大率」がこの伊都国に配置されているということ、そしてまたこの「一大率」によって、この伊都国の港に出入する伝送の文書、賜・遣の物品がことごとく臨津捜露されたのも伊都国のみであったのである。

伊都国だけに王の存在が示されているということ、これらは何を物語っているのであろうか。それはこの伊都国が古き王国ではあるが、いまやその王権は女王国に服属するものとなっているばかりでなく、女王国から派遣された地方官によって、その他の国々もろともに、厳しい監視を受けているということが示されているのではあるまいか。そこには、失われた過去の栄光の名残として、主権を失いながらもわずかに名目を伝えている王の存在と、女王卑弥呼の呪術的権威を背景とした一大率の監視と重圧とが、これらの短い記述のなかに秘められているのではあるまいか。このように考察すると、伝達文書や贈答物品の臨津捜露も、女王の権威を強化するためのものであり、かつて伊都国が保持していた外交特権の復活を危惧するためのものであったのではあるまいか、と疑えるのである。

井上や坂本と同じ九州説の松本清張は、諸国が「畏憚」するような一大率を、卑弥呼を「共立」した北部九州の諸国に、卑弥呼が派遣するはずはないとみて、一大率は帯方郡から派遣された官僚だと主張する。主張する理由として松本清張は、『魏志』倭人伝が「国中に於て刑吏の如き有り」と書き、一大率を中国の官職の「刺史」に比定しているをことをあげる。しかしこの主張については、確かに刺史は中国の官職だが「刺史の如き」とあり、刺史ではないこと、一大率という官職名も魏にはないことをあげた批判があり、また「親魏倭王」に任命された独立国の倭国に、帯方郡の大守が、「刺史の如き」官僚を派遣することはあり得ないという、批判もある。

松本は一大率の派遣を命じた主語がないことも、理由の一つにあげているが、一大率に関する記述の前の「國國に市あり。有無を交易し、大倭を使て之を監せしむ」の「監せしむ」にも主語がない。しかし、これらの文章の前後に、倭国の風俗・制度を記しているから、「検察」や「監」を命じた主語は倭国王の卑弥呼であることは明白であり、「女王國自り以北」という記述からも、女王国に居た卑弥呼が派遣した役人が一大率である。

倭国王であった伊都国王は、三世紀に入ると倭国王卑弥呼の統属下に入ってしまう。『魏志』倭人伝は伊都国王について、「王有るも皆女王國に統属す」と書く。

この「統属」は「女王國自り以北」の諸国が、一大率の「検察」に「畏憚」した記述と重なる。伊都国に常駐していた女王国派遣の一大率は、女王の代理として伊都国王を「統属」し、伊都国王は一大率のバックにいる女王に「畏憚」していたのである。

だが、伊都国歴代の王のはじめはそれよりずっと早い時代だから、この世々の王が後にできた女王国に従属してきたという記事はおかしくなる。

そこで、この「統属」を「伊都国の世々の王が女王国を統属してきた」と解せられないだろうかと考えてみる。原文《世有王、皆統属女王国》は「世々王有り、皆、女王国を統属す」ともよめる。

この場合の女王国とは、海峡沿岸以南の内陸諸地域であって、「いまは女王国となっている諸地域」と解する。したがってこの全文は「いま女王国とよばれている内陸地域は、現在の邪馬台国を含めて、もともと伊都国歴代の王に統属してきた」という歴史的な意味になろう。


ここも論者のみなさんが大いに頭を悩ませる部分ですが、伊都国の王（帯方郡からの派遣官）はみんな、女王国を統属していたと読むとスッキリします。

そうすると邪馬台国が、ずいぶんとしょぼい存在に成り下がってしまいますが、現実にはそれに近いものがあったのでしょう。国同士のパワーバランスによって関係性が決まってくるのですから、それが本来の姿であると私には思われるのです。

なんだか皆さんのロマンを粉砕しているようで申し訳ありませんが、もういい加減で現実を見つめ直しましょうよ。

追加挿入のフェイク文に惑わされて、どうするの

倭人伝が最終的に完成するまでには、四人の手が入って微妙に変化して練られていると考えられます。

ひとつは実際に和国を訪れた人の公平な目での迫力ある紀行報告文で、これは万人に疑いのないところです。

二つ目はその紀行文を修飾した魏国官吏の、天子に見せるための無難な文章で、数字の書き換えや誇張、日付の省略程度に止まっているのでしょう。

三つ目は陳寿がそれまでの各種記録（魏略を含む）を参考にして著した紀行文で、ある程度の格調とリズムを持って記述した和国と魏の関係を、三国志後半部に付け足したものです。

それじゃあ四つ目の文章はというと、邪馬台国の東側の海を渡って倭種の国々を訪れたという一文で、これは架空のストーリーだと思われます。

つまりナンバーワンの立場にいる建中が遊びほうけている間に、一年間の滞在が終わってしまい、おまえはなにをしていたのだと突っ込まれたくないがために、行ってもいない架空の旅行記をでっち上げて本文の中に放り込んだのでしょう。

倭人伝は、東あるいは東南方向については、「倭種の国」や「侏儒国」の存在を記し、更に「船行一年で至る裸国や黒歯国」の存在までも紹介している。そのスケールの大きさには驚かざるを得ない。

この部分は次のように読める。カッコ内は筆者の想像である。

「女王国（の宇佐市周辺）から東へ千余里、海を渡ると（本州の中国地方に）いくつか国がある。皆、倭の系統の人の国だ。その地域の南に侏儒（四国の讃岐平野）がある。（侏儒国は）女王国からは四千余里離れたところにあり、身長一メートルほどの小さい人たちがいる（らしい）。また、そこの（倭種の国々の）東南には裸国（徳島平野）、黒歯国（淡路島）がある（らしい）。倭の他を訪問する旅はここ（女王国）まで一年ほどの期間を要した。倭の他は、遠く離れた海の中の州島の上にあり、あるいは海で隔てられたり、あるいは陸続きであった。くねくねと巡りながら五千余里の道のりであった。

すなわち、魏使は関門海峡を通った。豊予海峡（大分県の佐賀関と愛媛県の佐田岬との間）を通った。そして豊後水道（大分県南部と四国側の「宇和島～足摺岬間」との間）を通った。そしてそのとき、東岸に見たのである。自分たちの知っている和人とはちがった人種を。

本土（中国地方）と四国の大部分については、「皆倭種」と書かれている。つまり、九州博多の卑弥呼の国の倭人たちと同一の種族である、と魏使には認識できたのである。ところが、豊後水道東岸の人々はちがっていた。「三・四尺」というのであるから、その落差はハッキリと目立つほどだ。だからこの人々の国に対し、「侏儒国」（小人の国）という名前が与えられているのである。

『魏志倭人伝』は、帯方郡から女王国までの道のりや、倭人の風俗・自然・女王卑弥呼の居処などにふれたあと、「女王国の東、海を渡りて千余里、また国あり、みな倭種」と記している。

この一句は、女王国を九州北部に比定したときはじめて無理なく理解できる記述であろう。

なぜなら、すでにのべたように、邪馬台国を筑紫平野の筑後川北岸地域におき、女王配下の旁国二十一を九州北部の小平野に散在している国ぐにとした場合、九州北部は「女王国の東」に海がある地域として、もっともふさわしい地理上の条件をみたしている、といえよう。

フェイク文とはあまりにも突飛だという人は、次の文章を読んでみてください。いかにも嘘くさい、伝聞と憶測に基づいたでっち上げだと思いませんか。

東渡海千餘里複有國皆倭種又有侏儒國在其南人長三四尺

この文のあたまに、女王国がくっついているものだから、女王国の東側が海に接していると考えて混乱するのです。だって皆さんが比定している邪馬台国だと、そんな位置関係にはならないのですから。

こんな風に何カ所も頭を悩ましてくれる部分が出てくるから、魏志倭人伝は「魔性の文献」である、と決めつける人もいますが、私はむしろどこにも謎めいたところのない正直な文章だと思いますよ。

ただしこの一連の文は確かに謎を含んでいますが、それも伝聞を元に勝手に作り出した創作だと考えれば辻褄が合います。

東の海を千里渡ったところにコビト国があって、そのクニでは大人でも背が三、四尺である、とはずいぶん我が国をこけにした言い分ではありませんか。尺貫法を知らない読者が多いと思うので翻訳しますと、一尺は約三十センチですから、どれだけ低く形容されているかわかるでしょう。

去女王四千餘里又有裸國黒歯國復在其東南

これまた噴飯ものの一文で、一年中を裸で過ごすクニの東南に歯の黒いクニがあるというのですよ。我が日本のどこに、服を着ないでも過ごせる常夏の地域があるというのですか。そしてどこに、大人も子供も女も男も歯が真っ黒なんて場所があるのですか。

その前に女王から四千里の距離、とあるものだから信用してしまう論者が多いのですが、例えば九州北岸から東に四百キロとして、日本海側だと出雲、瀬戸内海だと倉敷あたりまでしか行けません。

一部熱狂的な主張者の多い一里四百メートル説に当てはめると一千六百キロですから、優に北海道まで達してしまうのでして、そこは年中はだかで暮らせるほど温暖ですか。

船行一年可至参問倭地絶在海中洲島之上或絶或連周旋可五千餘里

ここまでがひとつの段落と考えられるのですが、ここで今回の旅程に見事に当てはまる数字が出てくるのでして、それが一年と五千余里なのです。

一年とは実際に和国に滞在した日数と考えてよく、それを船であっちこっちと回っていた、という部分が嘘なのです。

おそらくこの当時の船を走らせるには莫大な労力が必要だろうから、なるべくならば必要最小限で最短の運用を心がけるでしょう。だから一年をかけて和地を訪ねて回るなんてあり得ないのです。

同じように周旋五千里ですが、これも奇妙なことには、全行程一万二千里から狗邪韓国まで要した七千里を引いた数字にぴったりと符合するのです。けれどもそれは邪馬台国までの片道分の距離であって、自分から嘘だと白状しているようなものです。

おそらく五千里とは、旅行記の記述者と地図作製者が和国滞在中に歩いて回った距離ではないでしょうか。その間に隊長は何をしていたかといえば、一番に大切な金印その他を渡してしまったからには用事もなく、酒池肉林の接待を受けていた可能性が大いにあります。

いざ帰国となって、いかにも自分がなにもしなかったのが報告書からばれそうなので、これらの数字を伝聞混じりにさも本当らしく紛れ込ませたのが実態だと見ましたが、いかがでしょうか。

いずれにしても、この段落の文章のリズムといい比喩といい、いかにも作文ぽく感じてしまうのは私だけでしょうか。

だからこれから倭人伝の読解に挑もうとする人がいるならば、この一連の文にはあまり重きを置かない方が無難でしょうとアドバイスを送りたいと思います。

どうして、船のことに触れないのだ

前段で少し書きましたが、私は帯方郡と和国の間を行き来した船のサイズとか性能が気になって仕方ないのですが、例のごとくに論者は軽くスルーしているのです。

確かに論じている人はいるのですが、一本の大木をくりぬいた丸木舟とは、あまりにもお粗末な見解じゃありませんか。

倭国は弥生時代の出土品から、船は一本木で作った丸木舟を使って海を渡ったと推測される。材木はスギで大きさは幅80センチ、長さ10メートル程度である。複数の材木を組み合わせる構造船については、船形埴輪にそれらしい船も見られるが遺物が発見されていないため、不明だ。当時の航法は、少し沖に出て海岸沿いに陸岸の目標物を見ながら進むのが一般的で、海流と風を頼りにした。朝鮮半島へは南風の夏に出発し朝鮮半島で風待ちをして北風の冬に日本に戻るというパターンだったようだ。

ここが耶馬台国だとすると、卑弥呼の特使・難升米はここから数十隻の船で、はるか魏に向かって飾船で出航したということになる。

だが、魏の都洛陽まで二千キロメートルに達する距離を走れる遠洋航海船が、纏向国や河内湖周辺で建造できたのだろうか？　そして、高度な航海技術を持った乗組員を揃えることができたのだろうか?

内海や河川で使われる船はそのまま外洋を進めない。外洋で漕ぎ進むためには波除板を舷側に付け、交替で船を漕ぐため、幅広の船首、胴体部、船尾を繋ぎ合わせたもっと大きな縫合船でなければならなかった。

ここからはなにも資料がないので、私の勝手な解釈ですがお聞き下さい。

まず船の所有者ですが、残念ながら魏国あるいは帯方郡の持ち船と考えられます。邪馬台国が大型船を所有していたと考える方がロマンがありますが、道具の進歩具合や技術力から見ても、やはり無理だろうと言わざるを得ません。

おそらく汐とか風の関係で、年に二度ほど往来していたのでしょう、そのうちのひとつに郡使一行が乗ったのであって、誰かが唱えるようにこれが初めての和国訪問とは思えません。

船の乗組員にとっては当たり前の風物でも、初めて和国を訪れた若い役人には見るもの聞くものがめずらしく、その興奮気味な調査結果が文体にも滲み出ているみたいです。

正始元年（西暦二百四十年）の郡使は、天子から卑弥呼に下しおかれた財物の数々を載せているのですから、あまり小さな船ではないのでしょう。かと言って、百人も乗れるような大型構造船はまだ作れないだろうと考えると、三十人乗りくらいのサイズと考えられます。

動力源は風力と手こぎでしょうから、両舷に五本づつのオールがあったとして、漕ぎ手は交代要員を入れて二十人、財宝の重さは無視するとして、郡使一行が五人、船員が五人といった配分を考えてみたけどいかがですか。

ハイハイ、突っ込みたいのはわかりますが、そもそも邪馬台国論者の誰も分析しないから、私がやっているのであって、横やりはお門違いとだけ言っておきましょうか。

この最初の使節団の名前はわかっていて、団長が建中で、もうひとりが校尉梯儁です。彼の役職名を建中とくっつけて建中校尉と読む人もいますが、私は分離してしまいました。なぜならば、一介の警察長官にそんな大事な仕事を任せるとは思えないからです。

建中（忠とも）に肩書きはついていませんが、なにも書かなくてもわかる偉い人と言えば副太守クラスに違いありません。建中の任務は金印を卑弥呼に手渡すことで、船の中ではカギをかけた小部屋の前に陣取って、誰かに盗まれないように気を配っていたと思われます。だから船が和国の沖合に停泊して、梯儁らが上陸調査している間も、小部屋の前から離れなかったのでしょう。

校尉とはおそらく警察長官といったところで、梯儁には文才があったから、もうひとりの地図作製者と共に和国の内情を探って報告書を作るという任務が与えられたのかも知れません。

地図作製者というのは倭人伝を読む限りでは出てきませんが、ほぼ間違いなく同行したと思うのです。報告文と地図が一緒になって、初めて和国の情勢が正しく伝わるわけであって、このふたつを切り離しては考えられません。

そして少しばかり小説っぽくしてみると、八年後の張政派遣団にも経験があるとの理由で梯儁が抜擢されて、卑弥呼の死んだ事情や壹與が立った情景などをつぶさに観察している、なんてことになります。

このストーリーはとても面白いと思うし、絶対になかったとは言い切れない蓋然性もあります。当時の和人の風習や行動、若かりし派遣官の淡い、もしくは濃密なロマンスなどもわりと自由に表現できると思うので、次章で書きますからご期待下さい。

なぜ、和国の使者を和人と決めつけるのか

卑弥呼の最初の朝貢から、壹與の代になってからの郡使の送り返しまで、四回の訪郡があります。そのうちの一度は、実際に洛陽まで行って天子に目通りを許されたと記録

されていますが、いずれにしても何人かの使者の内、役職名がついている者と、名前だけの者がいます。

大鴻臚で「整理せられ」た「生の史料」について、角林は「蛮夷の使者を尋問した記録」をあげている。魏代に倭人の使者が洛陽を訪れたことが確実なのは、

a　二三九年（景初三）卑弥呼が派遣した難升米・都市牛利ら

b　二四三年（正始四）卑弥呼が派遣した伊声耆・掖邪狗ら

の二回で、張政らが帰還するのを送って台与が派遣した掖邪狗らについても、魏代の二四七年か八年のこととみる説が多い。

彼らをすべて和人と考えて、それらしい名前を割り振ろうとするところに無理が生じています。ここはひとつ頭を柔らかくして、帯方郡の女王国派遣官を自国に送ったと考えてはどうでしょうか。

邪馬台国が九州から本州までを包摂する広大な面積を持ち、文化的にも軍事的にも無

敵であり、外国人とは一切交わることなく和人の純粋な血統を守り抜いている、と考えたい人がいることは理解しますが、現実にはそれは無理でしょう。

どなたの本を見ても、朝鮮半島との文化的交流はあったと書いてあるし、和国を訪れるくらいの人たちは先進技術を持った集団であっただろうから、血が混じるのは当然だと思うのです。

そうなると万世一系が怪しくなるので、日本書紀などを持ち出してくるのでしょうが、すでに破綻していますね。

卑弥呼の時代には、帯方郡からの影響が強く及んでいて、船も郡の所有物であり、使者も郡の人間だったということは十分に考えられることです。

だからこそ天子から直接に魏朝の役職名を賜ったのであって、和人が遠路はるばると都まで尋ねてきたから、ご褒美に魏臣に取り立ててあげよう、なんてことは考えられないのです。

魏の天子が間接支配を望んでいるからこその特進の階級授与であったはずで、それ以後の登場では新しく与えられた階級が頭についていることからもわかります。

例を挙げれば大夫として派遣された難升米が率善中郎将に、都市の身分だった牛利には率善校尉が授与されています。

正始四年の時には大夫（伊聾耆）掖邪狗が派遣され（帰国し）ていて、率善中郎将が印綬されています。

そうなると中途半端なのが、狗奴国と戦争状態になっているので応援頼みます、とお使いにいった載斯と烏越（続けて一人かも）であって、この二人には肩書きも役職授与もないので、和人だったのかも知れません。

とりあえず邪馬台国の謎とされる部分はかなり解明できたと自負するので、最後に最大の謎に挑んでみたいと思います。

なぜ、邪馬壹国と邪馬臺国を同一視するのか

ここは論者がはまる落とし穴の中では最大にして、しかも実に迂闊な部分でしょう。

そもそもふたつはまったく別な場所にある別なクニなのに、これが同一のクニを指して

いると考えるからダメなのです。

それにしても、なぜ史学者たちは、「邪馬壹国」と原文に書いてあるものを、「邪馬臺国」と差し替えてきたのであろうか。

それは、『後漢書』倭伝などに、「邪馬臺国」と記されていたこと、邪馬台を「ヤマト」と読めば、耶馬台国＝山門、大和説を論じるうえで都合がよかったこともひとつの理由であった。邪馬台国＝ヤマトという先入観がどこかにあったことは事実である。

邪馬壹は邪馬臺なること、言ふまでもなし。梁書・北史・隋書皆臺に作れり。

邪馬壹国は魏志倭人伝に一度だけ出てくるのに対して、そのあとの隋書などにはすべて邪馬臺国と出ているから、倭人伝の国名は陳寿の改竄もしくは書き間違いなんて軽々に騒ぎ立てるのですが、いったいあなた方は時の流れをどう考えているのですか。

実に腹立たしい心得違いですが、ちゃんと丁寧に説明しなければ理解できない人のために解説してみたいと思います。

陳寿が三国志を書き上げたのは二百九十年前後と言われているのに比べて、最も近い後漢書は四三〇年前後、宋書でも五百年頃、みんなが好んで取り上げる隋書に至っては、さらに後の六百二十年頃の作成であろうと、選者の年齢からも推測されています。

三国志が三世紀の魏・西晋朝の史官、陳寿（二三三～二九七）によって書かれた歴史書であったのに対し、後漢書の方は、五世紀の范曄（三九八～四四五）によって書かれた歴史書です。三国志より約百五十年あと、そのとき欠けていた後漢時代（AD二五～二二〇）の歴史を書きたしたのです。後漢は前漢（BC二〇六～AD八）と新（AD八～二五）のあと、魏・西晋朝の前、その間に当ります。

二つの本の重要なちがいは、三国志が魏・西晋朝の「公的な歴史書」、つまり「正史」として最初から書かれたのに対して、後漢書の方は、「私的な歴史家」としての范曄が、自分独自の識見で、自由に書いた本である点です。

さらに、もう一つ。後漢書を見る場合に、忘れてならぬ重要な前提があります。それは、范曄の机には、三国志がすでにあった。この事実です。この点、後漢書の読者の場合もまた、同一です。彼らはすでに、三国志を読んでいたのです。

こんなに時代の離れた文書に書かれたふたつのクニが、同じであるはずがないでしょうが。

例えばわが東京は、三百年前は江戸と呼ばれていたのです。体制で考えても、徳川幕府から新政府、そして現代は曲がりなりにも民主主義という風に変遷してるじゃないですか。

それをあとから出されたすべての国名が邪馬臺国だから、倭人伝は間違いであって、おまけに壹與まで臺與だと勝手に書き換えるなんて、もはや歴史に対する冒涜でしかありません。

ここまで言ってもわからないなら、勝手にしろと突き放したいところですが、それではあまりにも不親切だから、不本意ながらもう少し噛み砕いて解説しましょう。

つまり魏から晋王朝時代にかけて九州にあったのは邪馬壱国だが、隋や唐王朝になってから存在したのは邪馬台（ヤマト）なのです。

さすがに納得したでしょうが、ふたつは場所も体制もまったく異なる別のクニなのです。

ふたつのクニの特徴は顕著で、卑弥呼の女王国はひたすら恭順の姿勢を見せるのに対して、後者のヤマトは好戦的で韓国各地を攻めて臣従を強要し、大陸の天子に向けても韓国支配者の称号をくれなどと図々しく要求しています。

それではどうして、こんな紛らわしいことになったのでしょうか。それは多分、あとの時代の史書作成を命じられた選者が、先に書かれていた三国志を参考にして、ヤマトを表すのに邪馬台を当てたのではないでしょうか。

極端に情報が乏しい中では最善のチョイスだったと思いますが、いやはやなんとも、千八百年もあとの日本でこれだけの大論争になるとは、陳寿や魏徴も草葉の陰で苦笑いをしていることでしょう。

もうひとつの根拠としては、臺は高貴な天子の居場所を表す貴語であって、野蛮な異国の名前に用いることは憚られるとの意見もあります。それがどうして隋書などで頻繁に使われるかは、言葉の重みに変化が生じたせいだとしか思われません。例えば、その時代に高貴な場所を表すのに闕が使われたとか。

いずれにしても、これで私が普段から疑問に思っている、いわゆる邪馬台国論争をする人に対しての投げかけは終わりです。その道の専門家であり、先達でもある諸先輩方に対して失礼な物言いもあったと思いますが、すべては倭人伝を正しく解読したいがための熱情の表れであるとして水に流して下さい。

ちなみに私自身が当時の和国の力関係をどんな風に判断しているかというと、旧委奴国を主体とする北九州連合、有明海を取り囲むような位置の国々がゆるやかにまとまって帯方郡の応援を得ている女王国連合、独自路線の出雲国、そして瀬戸内海に面した吉備連合あたりが、かなりの軍事力というか、パワーを持っていたと思います。

その他の近畿や関東は広大な平野を有しているから、それなりの人は住んでいたでしょうが、朝鮮半島と直接には交流していないので、文化的、軍事的にはかなり遅れていたのだと考えられます。ひょっとしてまだ縄文時代だったのかも、というのはもちろん冗談ですが。

そこで問題なのが狗奴国ですが、八代平野だけを治めていた小国が、阿蘇南山麓の好戦的で植民地拡張主義の山都に煽られる形で九州南部と東部、そして北部との連合軍を組織、帯方郡関係者がすべて引きあげてすっかり弱くなった邪馬台連合国を攻め滅ぼしたのではないかと想像するのです。

このあとで山都は、まず吉備連合と組んで出雲を殲滅、近畿に侵攻して西日本をほぼ制圧したのではないでしょうか。

東日本には大して強い国はないのですから、関東制圧も時間の問題だったと思われます。元々が好戦的なヤマトですから、このあとの朝鮮半島への数次の侵略や、大陸王朝に対しての不遜な態度などにも合点がいきます。

ヤマトについてはあまり触れたくないというのは、どうしても血塗られた歴史に踏み込まなければならないし、誰かが九十九年間も統治して百四十歳で崩御したなんて不条理も指摘しなければならなくなるからです。

ここで九州地方の地理に詳しい人が、得意満面で突っ込んでいる様子が目に見えるようです。

「山都はそんな古い地名ではなく、近代になってから改名してつけられた町名なんだよ」

確かにそうらしいのですが、近代になって改名したなら、古代にも命名したかも知れないじゃないですか。阿蘇山麓の山都じゃなければ、筑紫平野にも山門郡があるし、細かいことは言いっこなしにしましょうよって、おまえ（著者）が先に突っ込んだんだろうが。

第二章

校尉梯儁の見たまま女王国

朝鮮半島の冬は厳しいから、ひとしお春が愛おしく感じる。今こうして、港に立って本国からの船を待っていても、首筋を撫でていく風にすら優しさを覚える。

私は梯儁《テイシュン》、帯方郡の警察官だが、唐突に和国に行くことを命じられたのは、私が森羅万象とは言わないが、かなりの文物に造詣が深いと思われているからかも知れない。もっと単純な理由だとすれば、私の名前が優れた梯子《はしご》の意味なので、そのせいかも。

二年前の春、和国の女王から朝貢があり、それが実に感心であるとの御心から親魏倭王の金印が下しおかれた。その他にもいろいろな財物が下賜されることになり、船を仕立てて和国に届けるから、この際に天子に報告するための和国情勢を誰かに書かせろという段になって、私に白羽の矢が立ったということらしい。

それまでにも郡からの船は何度も和国と往復していて、彼の地にはそれなりの人数も滞在しているという噂だったが、私みたいな下っ端には高度な情報など入ってくるはずもなく、それだけに和国を自分の目で見られる今回の命令は嬉しかった。

遙かな水平線にぽつんと見えた船影は、猛烈な速さでこちらに進むと、巨大な船腹を見せて投錨した。魏の国力を注いだ新造船は、両側に櫂が八本ずつ突き出ていて、人力で進むこともできるし、真ん中の大きな帆によって風に乗って走行することも可能だという。

小舟が何回も港と船の間を行き来して、やがて最後の小舟で「親魏倭王」の文字が彫《え》りつけられた金印紫綬の入った小箱を大事そうに抱えた、いかにも小心者めいた顔つきの郡副太守建忠どのが乗り込んで出発だ。

船の床板は三層になっていて、最下層には交代要員も含んだ漕ぎ手が押し込まれ、二層目にはほとんどの財物が運び込まれて、船の平衡を保つためか、船長の指図どおりに平らに隙間もなく置かれた。

ここは幾人か乗り合わせている船員の寝場所ともなっているが、すべての箱には厳重に封ろうがしてあるから、中身を抜かれる心配はない。

私たちは一層で過ごすことになったが、副太守どのは唯一屋上にある小屋の中に金印を抱いてこもったまま、まったく顔を見せることもないが、まさか船酔いしていたのでもあるまい。

役人一行は一日に数回のみしか、甲板に上がって新鮮な空気を吸うことを許されなかったが、私と地図担当の麻付《マップ》だけには観察のためという名目で自由行動が許されていた。

私は細い竹簡に日付入りの行動記録を書き込むだけだから、それほど大変な作業ではないが、麻布は見たこともない器械を覗いたりして休みなく働いている。聞けばこの器械によって距離が測れるそうで、文明の進歩もたいしたものだ。

なめした牛革に陸や島を書き込んでいくのだが、ほぼ正確な縮小距離で書き記しているので、さしもの大きな牛革もそのうち足りなくなるのだろうと心配だ。

船は広い海を漕ぎ進んでいるのだが、左手にずっと朝鮮半島が見えているので、思ったほどの不安もなく、揺れも少ないので油断していたら、外海に出た途端に揉まれるように揺れ始めた。

東に舳先を向けると風向きも変わって帆を畳んでしまったので、あとは人力で漕ぎ進むしかなく、急に速度が落ちた。それでも半島を左手に見ながらの東進で、ようやく和国の借地である狗邪韓に着いた。

そこ狗邪韓は、そもそもが弁韓の一部を和国が無理矢理に攻め取った場所だった。国境も定まらず、常に紛争の種になっていたので、帯方郡が間に入って話し合い、郡と弁韓の両方に借地料を支払うということで落着を見たといういきさつがある。

一般的には和国の北限と理解されて、今では落ち着いた経営を見せているという。

麻付が計算したところ、郡の港からここまでが七千里だというので、忘れないうちに竹簡に記録した。それにしてもどうやったら、水の上を走った距離が分かるというのか。

漕ぎ手を叱咤激励して、いよいよ和国に向かって船出する。一海千里を漕ぎ進んで、ようやく対馬に着く。私と麻布、そして数人の護衛が一緒に上陸して調査を開始する。

すぐに背の高い役人が駆け付けてきて、恐縮した顔つきで「この島を預かっている庇護官である」と言う。副官の役職は夷守《ひなもり》だという。なんだか分からないが、さっそく島の観察に入った。

南北に長い島みたいだが、海から切り立っていて、山険しく森深し道はさながらけもの径《みち》、とでも言ったところだろうか。

田んぼはなく、穀物も取れないので、人々は海で獲ったものを南や北のクニまで運んで物々交換して生活しているという。

戻った船は碇を上げ、今度は南に一海千里、瀚海と名付けられた大海を渡りきって壱岐に着いた。ここの長官も庇護官で、副も同じ夷守だ。竹林と叢林が多く、いくらかある田畑で作物を作っているみたいだが、それでもまだ足りなくて、対馬と同じように、小舟で南北のクニに行って商いをしているそうだ。

また一海千里を渡り、和国本土となる北松浦半島と平戸島の間の狭い海峡に入った。ここはほとんどの船長が苦労する難所で、確かに潮流が早い。船員が総掛かりで慎重に航行している状況をまったく理解していない副太守どのが、船を泊めて上陸しろと命令する。

ここを抜ければ目指す港はすぐだ、という船長の説得には耳も貸さずに、私たちに直ちに船を下りて港まで歩測してくるようにとのお達しだった。私も退屈していたところだから、渋々の体を演じながらも、麻付たちと上陸用の小舟に乗ったが、浜に上がってすぐに後悔することになる。

今までの上陸地はいずれも集落の近くで、すぐに役人が駆け付けてきたが、山が海近くまでせり出していて、わずかな浜に粗末な小屋が散在するだけの漁村には、漁民がいるばかり。

それでも彼らは友好的で、すぐに伊都国に迎えの人員をよこすように連絡にいったばかりか、私たちを歓待してくれる。

どうせ道案内役の誰かが来なければ伊都国まではたどり着けないのだから、私は腰をすえてのんびり構えていたが、麻付は性格的にひとつ所にじっとしていられないらしく、何人かを引きつれてあっちこっちと測量している。

一人で暇を託《かこつ》いとまもなく、和人も打ち解けてきて、魚料理を提供したり、実際に海に潜る様子などを見せてくれたり。

子供たちはどこの国でも同じで、怖さ知らずだからすぐ友達のようにまとわりつくのが閉口だ。試しに鉄剣を抜いて見せても、それで斬られるなんて思いもしないから平気な面。遠巻きにしている母親たちの方が、悲鳴を上げている。

二日目の夜遅く、ようやく迎えが来たので、三日目にしてやっと漁村を出られることになったが、いざ歩き始めるとまた大変、狭い道には草木が覆いかぶさって、前を行く役人の背中も見えないほどだ。

それでも強行軍の末、夜になる前には目指す伊都国に着いた。長官は私たちが無事に着いたので安心して「汝を支える」と告げるが早く、副官に命令して酒宴を催してくれた。

それはそれでよいのだが、まさかあるがままの宴会状況を書き残すわけにもいかないから、副官の名前を大杯と柄杓にしてやったが、このシャレが校書郎の役人どもに分かるだろうか。

聞き出すともなく耳に入ってきたのは、この港を占有するようになったいきさつ。

魏王の命令で帯方郡の視察隊が和国を訪れたのは数年前で、最初は委奴《いと》を訪ねたが、そこは既に自力で韓国に渡るだけの船と技術を持っていて、港を租借するという話には乗ってこなかった。

そこで西に回っていくと、格好な港が見つかったそうで、それが伊都であったという。

ところが伊都も含めて近隣の郷は仲が悪く、田の水を取り合ったり、漁場を争ったりで紛争が絶えない状況だったから、誰を相手にして交渉すればよいかも分からない。

そこで郡使は案内人を乗せ、一度外海に出てから島原湾に入っていった。最初に目に入った郷が頑丈そうな城柵をめぐらせ、見張り台をも設置してクニを守っている様子なのが目にとまり、そこの王を支援して一帯を同盟させると決めた。

完全武装させた兵士を甲板に整列させ、ドラを叩いて沿岸を航行すると、各地の豪族は直ちに恭順の意を示したので、船から江の前郷に集まれと呼びかけたという。

上陸して待つと、続々と豪氏が集まってきたので、ここ江の前郷に王を置いて、ゆるやかな同盟を結ぶようにと進言すると、一同に異存はなかった。

ただひとつの条件として出されたのは、紛争の種となっている諸問題を解決するためには、誰もが納得する答えを出せる有能な霊媒師が必要とのこと。そこで占いがよく当たるという日天子《ひみこ》が推挙されて、女王に祭り上げられた。

日天子はすべてのもめ事を公平に裁いたので、瞬く間に争いが鎮まり、それから後は政治は男王、民事は女王が受け持つという二頭体制でやってきたという。

伊都に港湾借地権を獲得した郡使は、安定した二国間貿易を開始したが、ほどなくして魏王に朝貢することを勧めたのは、それが自分の手柄に直結すると知っているからだった。

郡使の助言によって、男女の技術者十人と、織物百尺を献上したところ、天子が大いによろこばれて、今回の財物の下賜につながったという一連の話を聞いて、私はようやく今の両国関係に納得した。

港湾都市となっている伊都は、家にしても食物にしても我が国の習慣を踏襲しているから、居心地はよいのだが、それでは仕事にならないので、私たちは近隣の調査に出かけた。

東南に百里ほど歩くと、小野郷があった。かなり大きなクニで、長官が妙な形の大盃を差し出し、副官が酒を注いだ。和国の酒は白く濁っていて見た目は悪いが、味は上々で、しかも強いのでほどほどにしておかなければ。

次の日は東に百里歩き、干海《ひうみ》郷に着く。役人は「どーも、どーも」と揉み手をしておべっかを使うが、副はここでも夷守だ。

私の方は、役人に住民の数と郷の大きさを聞き、見た印象を竹簡に書き残せば仕事としては終了だが、麻付の地図作りはそんなに簡単ではなく、しかも時間がかかるので、私はいつでも何かをして暇をつぶすことになる。

最初のうちこそ和人の襲撃を警戒して、警護役をつけていたが、彼らにはまったく刃向かう意志がないと分かって、今は一人でどこでも散歩するようになった。

小野郷も干海郷も同じだが、川に近い平地ではほとんどで稲作がおこなわれ、傾斜地は畑、そして山はけもの狩り用として使い分けられている。竹や木材を切り出して、それを加工して何かと交換する者もいて、小規模なりに経済が回っているみたいだ。

長年にわたって争ってきたと聞かされたが、おそらく我が国の国取り戦争みたいに大がかりなものではなく、水の分配とか、耕作地の境界あらそいとか、その程度の紛争があったのではないか。今の平和な和国を見ると、そんな気がするが、もちろん離れた地域では事情も異なるのだろう。

いずれにしても今までに訪れたクニは穏やかな暮らしで、やたらに子供の多いのが目障りなだけだ。その子供らが、まとわりついて困る。いくら怖い顔をして見せても、離れるのはその時だけで、すぐに剣に触ってくるのだからたちが悪い。

私自身も、もっと簡単に見て回って、もっと早く船に帰れるだろうと思っていたくらいだから、副太守どのはやきもきしている筈だが、地図作成との大義名分の前には文句も言えまい。

三つのクニを訪問して、最後の夜を伊都で歓待されて、また歩いて船に帰り着いた時には十五日も経っていた。副太守どのがすぐに出発と号令をかけたが、今度は潮の流れがよくないらしく、さらに二日もそこに留まってからようやく碇を上げた。

狭隘で潮流れの速い平戸瀬戸を抜けると、船は一気に南下、長崎半島の先端を回り込むようにして東に進路を変えると、風光明媚な島原湾にとすべり込んでいった。

湾に入って真っ先に目に入ったのが、頑丈そうな城柵をめぐらし、いくつもの見張り台を設けて敵に備えている江の前郷の城だった。

そこは男王と女王がいて同盟国を統治していると聞いていたが、何を思ったのか副太守は、湾を北上してほぼ突き当たりまでいくようにと命じた。

結局の所、投馬への進入路となる筑後川の河口まで、松浦からは二十日間もかかっていた。

投馬へは小舟で筑後川を遡ることほぼ一日、かなり広々とした平野の村落に上陸した。やはり詳しい地図を書くように命じられているから、麻布は懸命に歩測したり何かを計算したりしているが、私は暇だ。あまりに暇そうにしているのを見かねたのか、長官が連れて行ってくれたのが物見台。

上に登ると確かに見晴らしがよいが、洛陽の都にはこんな木造ではなく、レンガ造りの高い塔がいくつもあるので驚かない。それなのに長官は盛んに「広々としているでしょう」と自慢し、副官もまたオウム返しのように繰り返す。

投馬は大きな平野の真ん中に位置し、周辺までクニが広がっている様子がよく分かる。そのせいかどうか、かなり遠くまで足を伸ばしたらしい麻布はなかなか戻らず、帰ってきたのは七日目だった。

さっそく皆で船に戻り、穏やかな内海を南下、ようやくにして女王国にたどり着いた。

緑川沿いに発展している邪馬壱郷は、背後に山を控えて天然の要害ともなっているみたいだ。平野は見渡す限り手が入っていて、おもに米を収穫しているのだろう、黄金色の穂が波を打っている。

小高い丘にいくつかの物見台がそびえ、高い木柵で囲まれた宮室に男王と女王が暮らしている。その周囲は兵隊が守っているが、軍装品は貧弱であまり強そうには見えない、悪いけど……。

一番に大切な金印は相変わらず副太守殿のふところに入ったままだが、その他の下賜品は下男らに運び込まれて宮室に運ばれていった。私もすべての財物が残らず女王側に渡るのを見届けてから、最後に宮室に入っていった。

副太守どのが一段高い座に着き、男王と女王が趺坐して相対している。私は少し離れた場所からその様子を観察していたが、副太守どのが長広舌を垂れる間、身じろぎもせずにいる卑弥呼の凛とした姿に見入ってしまった。

弟である男王は恐れ入った様子で小さくなっているが、卑弥呼は超然と構えていて、なんだか威張りくさっている副太守どのが滑稽に見えて仕方なかった。

私なぞは下っ端役人だから、本来であれば声もかけられないのだが、卑弥呼の方からねぎらいの言葉をかけられて恐縮した。どのようにも自由勝手に過ごされよ、という言葉に甘えて、私は数ヶ月の間、このクニに留まって暮らすことになる。

麻布《マップ》は相変わらず、数人の手伝いを連れて地図作りに励んでいるし、副太守どのは生活様式が同じ伊都が過ごしやすいと、役目を終えたらさっさと行ってしまったから、江の前郷にいる郡関係者は私一人だけになってしまった。

宮室にほど近い高床式の住居が与えられたが、そこは収税品庫として使われている家屋だそうで、どうりで米臭い筈だ。

たった一人の郡関係者になった私に、もうひとつ与えられたのが馬だった。乗馬用にはこの一頭しかいないみたいで、タイミングを計っていたのだろうか、一人ならば取り合いにならないとみて提供したらしかった。

馬を連れてきた副官たちは、口々に「吾が捕まえてきた馬だ」「吾は乗れるように調教した」「吾は鞍と鐙を作った」などと言った。

数日も馬で回ると、このクニの現状がほぼ見えてしまったので、今までの見聞録を竹簡に清書していった。

郡を出発してからここまで、麻布の計算によれば一万二千里の距離だそうで、歩測もせずによく分かるものだ。それにしても、退屈で仕方ないぞ。今度彼が戻ったら、次の測量には私も同行しよう。

本気でそう思っていたが、麻布が一度戻って反対方向を調査しようとしたときに、一緒について行かなかったのは、優しい娘と恋に落ちたからだった。

娘の名はウトといい、年は十四だという。二人の出逢いは、さほど浪漫的なものではなく、極めて平凡なものだった。雨上がりに泥濘《ぬかるみ》に足を取られて困っていたウトを、通りがかった私が助けたという、どちらかといえばありがちな設定だった。

それからのウトは、夕方になると何らかの食べ物をもって私の高倉を訪れるようになった。数日間は一緒に食べ、食器を持って暗い道を帰っていたが、ある夜は急に土砂降りとなって帰ることができず、私がリードする形で結ばれたのだった。

うら若いウトの体は素晴らしく柔軟で、その肌はなめらかだった。愛の泉を滲ませる熱いぬかるみに、私は何度も挑んで飽きることを知らなかった。

そんな二人の間柄がすぐに皆に認められたのは、王宮から何らかの通達が出たからしかったたが、私はウトと愛する時間があるというだけで満足だった。

純粋な少女は、私が教える性戯をなんの抵抗もなく受け入れて反復し、瞬く間に淫らなおんなになっていったが、それはあくまでも夜の営みに限ったことであって、昼間はそれまでどおりに田や畑で働いていた。

私もたまに一緒に労働することもあったが、警備一筋でやってきた私にはめずらしい体験ばかりだった。そんな愛の生活に、唐突な終わりがやってきた。風向きが絶好になる時期だから、郡に帰るという知らせがあって、私は後ろ髪を引かれる思いで船の人になった。

寝ても覚めてもウトの面影、素晴らしく弾む肢体を忘れられずにいたが、やがて悲しい忘却が訪れて私は業務に精を出す毎日へと戻っていた。

寝た子を覚ますような通達は、またしても唐突だった。卑弥呼が隣国と争っているから、現地に残っている難升米に戦闘許可を与える必要が生じたので、二年も前に郡が預かっていた黄幡を運ぶためにふたたび和国に行くという。

今回は戦闘要員のみの派遣だから、火中の栗を拾うような状況になるのは必至であって、そのためかどうか何人もの高官が和国行きを拒否し、一度行ったことのある私に二度目の白羽の矢が立ったらしい。

和国の紛争は心配だったが、私はふたたびウトに逢えるとなると嬉しかった。今度の派遣は私が一番の役上だが、前面に出るわけにはいかないので、表向きの長は辺境警備の張政ということになった。

はたして江の前郷は、騒然としていた。上陸して事情を聞くと、卑弥呼が親魏倭王に任ぜられたのが面白くない山都郷が、狗奴国王をそそのかして国境を攻めて小競り合いになっているとのこと、その旗色が悪いので、派遣官の難升米に指揮権を授与して戦闘を収めようとの目論見だった。

無事に黄幡は難升米の手に渡されて、彼は全軍の指揮を執る立場になったが、それにしても自国の兵士を戦線に投入せずに戦いが収束すればよいに決まっていた。

それまでは帯方郡の派遣官に過ぎなかった難升米が、圧倒的な軍事力を得て、高飛車に交渉を始めた。

今では王よりも偉い立場になっている彼は、これ以上の犠牲を出さずに戦争を終わらせろと両国王に告諭し、双方の王の死をもって兵を引くという約束をさせた。

こうして、女王卑弥呼が死んだ。後に残った者たちは大いに嘆き悲しみ、皆で周囲百歩程度の墓を作り、卑弥呼の遺骸を葬った。彼女を慕う侍女も数名、殉葬されたという。

平和の戻ったクニで、私はウトと再会した。彼女は七歳くらいの男の子を見せて、あなたの子供だと言った。私は一目見るなり、血のつながった自分の息子であると確信した。

以前のような、甘い生活が戻ったが、変わっているのはウトの体が豊満に熟していることだった。

　愛を深め合った二人には、もう別れて暮らすことなどできなかった。どれほどの困難が待ち構えていようとも、私はウトと子供を手放すまいと心に決めた。

　一年ほどの安寧な日々は、山都の国王が他国を併呑し始めたことで破られた。九州の南を制圧した山都は、元の女王同盟国をも支配下に置こうと動いて戦乱になった。

　狗奴との争いを少ない流血で終わらせた難升米は、その挙兵に激怒、山都兵を誅殺して領土から追い払ったが、大陸でもまた動乱があり、魏国が滅びて別な王が立っていた。そうなれば魏から派遣されている一行の役目も、いったんは終わったも同然だった。

　旧女王同盟国は、もう一度日天子《ひみこ》を立てた。十三歳にして壱のクニを譲られた新女王が、うまく領地を経営するように告諭した郡からの派遣官らは、追加投入された張政軍を率いて全員で引き上げることになった。

　私梯儁も、一緒の船で郡に帰らなければならない。新女王壱与は、数々の品や生口を朝貢した。それらの品々は、不条理にも西晋王朝の倉庫に収まることになった。

　これで私の見聞録は終わりだが、後日譚がないこともない。最後の船では割と高位であった私は、我を通してウトと息子を連れ帰った。そして今では、子供も増えて、家族仲良く半島で暮らしている。

第二章

やっぱり原文を載せます

冒頭で、魏志倭人伝の原文を掲載するのはむずかしそうだと述べたのですが、途中で気が変わりました。それはソフト一太郎が意外と頑張って、かなり古い文字まで選び出す能力があるとわかったからです。

となれば本気で取りかかりますが、その前にどうしても倭人伝の由来について述べる必要も出てきました。なぜならばこの本が、いわゆる邪馬台国本のスタンダードになった場合、本書ですべてがわかるように書かれていなければならないからです。

まあ、それほどベストセラーになることはないと思うのですが、公開できる情報はなるべく多く載せた方が親切だとは言えますからね。

本書でも何度も繰り返し出てくる「魏志倭人伝」とは、いったい何のことかという初歩から取りかかります。

魏朝のあとに立った西晋朝書記官クラスの陳寿が、おそらく王命によってでしょう、魏、呉、蜀の三国についての歴史書を書きました。陳寿が生存していたのは卑弥呼が生きていた時代と重なるので、彼が浪々の身だった時に直接に、あるいは間接的に和国の訪問談を耳にしたことがあるかも知れません。

最初に「魏書」の三十巻を書き上げましたが、これは帝紀と列伝とに分けられ、列伝の最後に「烏《う》丸《がん》鮮《せん》卑《ぴ》東《とう》夷《い》伝倭《わ》人《じん》条《じょう》」がくっついています。我が国ではこれを略して「魏志倭人伝」と称し、いくつか残った写本または木版本を参考にして論争をしているわけです。

この「東夷伝」では、全部で七カ国（種族）が分析記述されていて、他の六カ国が数十行程度であっさりと触れられているのに比べると、和国については百行以上という熱心さでもって語られているのです。字数にすると二千字弱であって、これを具体的に数字をあげている論者もいます。

倭人伝は、『三国志』の唯一の夷狄伝である巻三十烏桓・鮮卑・東夷伝のなかで、最多の千九百八十三字より成る。巻三十に収められるその他の民族は、同じく東夷伝の夫余が七百十五字、沃沮が六百七十八字、邑婁が二百七十六字、□（わい）が四百七十五字、韓が千四百二十七字、そして烏桓伝が四百六十二字、鮮卑伝が千二百三十字である。

私も正確な字数を数えてみようとしましたが、すぐに挫折しました。だって一行の文字数がいろいろで、おまけに版が変われば欠落や付け足しがあって、字数も変わってくるからです。ちなみに私が参考にしたのは、宮内庁書陵部所蔵版と、古代科学研究所印のある金沢文庫版のふたつです。

ではなぜ今まで「魏書」が存在しているかというと、このあとの「呉書」「蜀書」を三国志として書き上げた段階で正式に歴史書として認められ、書写され注釈をつけられ、木版本として継承されてきたからでしょう。

はなはだ不本意ながら、どうしても出てこない旧字は□マークで埋めましたし、環境依存文字はポイントも字体も変えられないので、かなり読みにくくなっているかも知れません。また1行の文字数は、私が段落の意味を勘案して勝手に切ったものであることをお断りしておきます。

本物の魏志倭人伝はネットで検索しても出ますし、頑張って全文を正確に載せている「邪馬台国本」もありますから、どうしても原文を読みたい人はそちらを参考にして下さい。

倭人在帯方東南大海之中依山島為國邑舊百餘國
漢時有朝見者今使譯所通三十國
従郡至倭循海岸水行歴韓國
乍南乍東到其北岸狗邪韓国七千餘里
始度一海千餘里至對馬國其大官曰卑狗副曰卑奴母離
所居絶島方可四百餘里土地山険多深森道路如禽鹿徑
有千餘戸無良田食海物自活乗船南北市糴
又南渡一海千餘里名曰瀚海至一大國
官亦曰卑狗副曰卑奴母離方可三百里多竹木叢林
有三千許家差有田地耕田猶不足食亦南北市糴
又渡一海千餘里至末盧國有四千餘戸
濱山海居草木茂盛行不見前人
好捕魚鰒水無深浅皆沈没取之
東南陸行五百里到伊都國官曰爾支

副曰泄謨觚柄渠觚有千餘戸

世有王皆統属女王國郡使往来常所駐

東南至奴國百里官曰□馬觚副曰卑奴母離有二萬余戸

東行至不彌國百里官曰多模副曰卑奴母離有千餘家

南至投馬國水行二十日官曰彌彌

副曰彌彌那利可五萬餘戸

南至邪馬壹国女王之所都水行十日陸行一月

官有伊支馬次曰彌馬升次曰彌馬獲支次曰奴佳□可七萬餘戸

自女王国以北其戸数道里可得略載

其餘旁國遠絶不可得詳次有斯馬國次有巳百支國

次有伊邪國次有郡支國次有彌奴國次有好古都國

次有不呼國次有姐奴國次有對蘇國次有蘇奴國

次有呼邑國次有華奴蘇奴國次有鬼國次有爲吾國

次有鬼奴國次有邪馬國次有躬臣國次有巴利國

次有支惟國次有烏奴國次有奴國此女王境界所盡
其南有狗奴國男子爲王其官有狗古智卑狗不属女王
自郡至女王國萬二千餘里男子無大小皆鯨面文身
自古以来其使詣中國皆自稱大夫
夏后少康之子封於會稽断髪文身以避咬龍之害
今倭水人好沈没捕魚蛤文身亦以厭大魚水禽後稍以爲飾
諸国文身各異或左或右或大或小尊卑有差
計其道里當在會稽東治之東
其風俗不淫男子皆露□以木緜招頭其衣横幅但結束
相連略無縫婦人被髪屈□作衣如單被穿其中央貫頭衣
之種禾稲紵麻蠶桑緝績出細紵□緜其地無牛馬虎豹羊鵲
兵用矛楯木弓木弓短下長上竹箭或鐵鏃或骨鏃
所有無與□耳朱崖同
倭地温暖冬夏食生菜皆徒跣有屋室父母兄弟臥息異處

以朱丹塗身體如中国用粉也食飲用□豆手食
其死有棺無槨封土作冢始死停喪十餘日當時不食肉
喪主哭泣他人就歌舞飲酒已葬擧家詣水中澡浴以如練沐
其行来渡海詣中國恒使一人不梳頭不去□蝨衣服垢汚
不食肉不近婦人如喪人名之爲持衰若行者吉善共顧
其生口財物若有疾病遭暴害便欲殺之謂其持衰不謹
出眞珠青玉其山有丹其木有□杼豫樟□櫪投橿烏號楓香
其竹篠□桃支有薑橘椒□荷不知以爲滋味有彌猴黒雉
其俗擧事行来有所云爲輒灼骨而卜以占吉凶
先告所卜其辭如令龜法視火□占兆
其會同坐起父子男女無別人性嗜酒
見大人所敬但搏手以當跪拜其人壽考或百年或八九十年
其俗國大人皆四五婦下戸或二三婦婦人不淫不妬忌不盗竊
少諍訴其犯法軽者没其妻子重者滅其門戸及宗族

尊卑各有差序足相臣服
収租賦有邸閣國國有市交易有無使大倭監之自
女王國以北特置一大率検察諸國忌憚之常治伊都国於國中有如
刺吏王遣使詣京都帯方諸韓國及郡使倭國
皆臨津捜露傳送文書賜遣之物詣女王不得差錯
下戸與大人相逢道路逡巡入草傳辞説事或蹲或跪
兩手據地爲之恭敬對應聲曰噫比如然諾
其國本亦以男子爲王住七八十年倭國亂相攻伐暦年
乃共立一女子爲王命曰卑弥呼事鬼道能惑衆
年已長大無夫壻有男弟佐治國自為王以来少有見者
以碑千人自侍唯有男子一人給飲食傳辞出入居處
宮室楼観城柵厳設常有人持兵守衛女王國
東渡海千餘里復有國皆倭種又有侏儒國在其南人長三四尺
去女王四千餘里又有裸國黒歯國復在其東南船行一年可至

參問倭地絶在海中洲島之上或絶或連周旋可五千餘里
景初二年六月倭女王遣大夫難升米等詣郡求詣天子朝獻
太守劉夏遣吏将送詣京都
其年十二月詔書報倭女王曰制詔親魏倭王卑彌呼
帯方太守劉夏遣使送汝大夫難升米次使都市牛利
奉汝所獻男生口四人女生口六人班布二匹二丈
以到汝所在踰遠乃遣使貢獻是汝之忠孝我甚哀汝
今以汝爲親魏倭王假金印紫綬装封付帯方太守假綬
汝其綏撫種人勉爲孝順汝来使難升米牛利渉遠道路勤労
今以難升米爲率善中郎将牛利爲率善校尉假銀印青綬
引見労賜遣還今以絳地交龍錦五匹絳地□粟□十張
□絳五十匹紺青五十匹答汝所獻貢直
又特賜汝紺地句文錦三匹細班華□五張白絹五十匹
金八両五尺刀二口銅鏡百枚真珠鉛丹各五十斤

皆装封付難升米牛利還到録受悉可以示汝國中人使知
國家哀汝故鄭重賜汝好物也
正始元年太守弓遵遣建中校尉梯儁等奉詔書印綬詣倭國拜假
倭王升齎詔賜金帛錦□刀鏡采物倭王因使上表答謝詔恩
其四年倭王復遣使大夫伊聲耆掖邪狗等八人上獻生口
倭錦絳青□緜衣帛布丹木拊短弓矢
掖邪狗等壹拜率善中郎将印綬
其六年詔賜倭難升米黄幢付郡假綬
其八年太守王□到官倭女王卑彌呼與狗奴國男王卑彌弓呼
素不和遣倭載斯烏越等詣郡説相攻撃状
遣塞曹掾史張政等因齎詔書黄幢拜假難升米
爲檄告喩之卑彌呼以死
大作冢徑百餘歩殉葬者奴婢百餘人
更立男王國中不服更相誅殺當時殺千餘人

復立卑彌呼宗女壹與年十三爲王國中遂定
政等以檄告喩壹與
壹與遣倭大夫率善中郎将掖邪狗等二十人送政等還因
詣臺献上男女生口三十人貢白珠五千孔青大句珠二枚異文雑錦二十匹

第四章

倭人伝　私はこう読む

次の段階として、いよいよ金沢文庫版を底本にして原文の解釈に入ります。あまり重要でないと思われる文節では読み下し文を省略していますし、意訳文は柔らかすぎるかも知れませんが怒らないで。

私自身は倭人伝は、書写あるいは木版の段階で順序が入れ替わったり、竹簡が一本だけとんでもない場所に紛れ込んだりしたと考えていますが、ここでは伝えられている倭人伝の順序通りに述べていること、意訳は文意どおり、つまり表面的に読み取れる浅読みをしたと最初にお断り申し上げておきます。

倭人在帯方東南大海之中依山島為國邑

和人（の国）は帯方郡から東南方向の大海の中にあり、山や島などにクニや村をつくって住んでいる。

舊百餘國漢時有朝見者今使譯所通三十國

むかし漢の時代には百あまりの朝見した国があったと聞くが、正始元年（二百四十年）

の今は、郡使や通訳が行き来しているのは三十ほどのクニに過ぎない。

従郡至倭循海岸水行歴韓國乍南乍東到其北岸狗邪韓国七千餘里

帯方郡から和国に行くには、韓国に沿って船で南に進み東に進み、七千里あまりを航海して、ようやく和国の北端である狗邪韓国に着く。

始度一海千餘里至對馬國

初めて外海を渡ること千里あまりで、対馬に到着した。

其大官曰卑狗副曰卑奴母離

そこの背の高い役人は庇護官であり、副官は夷守であるという。

所居絶島方可四百餘里

彼らのいるのは絶海の孤島で、その面積は四百里ばかりであろうか。

土地山険多深森道路如禽鹿徑有千餘戸

その島は山が険しく森も深くて、道路はまるで鹿などしか通らない獣道みたいだ。一千人ほどが住むという。

無良田食海物自活乗船南北市糴

よい田んぼはなく、海の物を食べている。海産物を船に積んで南北の島やクニと行き来し、穀物などと交換して生活している。

又南渡一海千餘里名曰瀚海至一大國官亦曰卑狗副曰卑奴母離

また南の方向へ、瀚海と名付けられた広い海を渡ること千里あまり、一大（壱岐）に着く。ここにも庇護官がいて、夷守がいる。

方可三百里多竹木叢林有三千許家差有田地耕田猶不足食亦南北市糴

三百里四方程度の島で竹林が多く、三千ばかりの家がある。田畑はあるが、みんなが食べるには足りず、やはりここでも南北の島やクニと行き来して食べ物などを交換している。

又渡一海千餘里至末盧國有四千餘戸濱山海居

また海を千里ほど渡って松浦に着く。四千人ほどが浜や海の迫った山裾に住む。

草木茂盛行不見前人好捕魚鰒水無深浅皆沈没取之

草木が盛んに茂っていて、前を行く人の背中が見えないほどだ。ここの住人は好んで魚を捕らえる。水の深いのも浅いのも関係なしに水に潜っては魚介類を獲ってくる。

東南陸行五百里到伊都國官曰爾支副曰泄謨觚柄渠觚有千餘戸

陸地に上がって東南方向に歩くと、五百里ほどで伊都國（今の佐世保港に当たる港湾一帯を治外法権にしていた大塔）に着いた。長官は「無事でよかった。吾らは全力で汝らを支える」といい、副官はシェモグとビンジュグという名前だ。千人ほどが住むという。

代々ノ王ハ皆、女王國ヲ統属スル。郡使ガ往来スルニアタリ常ニ駐スル所ナリ。

世有王皆統属女王國郡使往来常所駐

（伊都国にいる帯方郡派遣官である）代々の王はみんな、女王国を統属するという役目を帯びている。派遣官を含む郡使らは、常には（本国と居住環境が同じ）伊都国で寝起きすることを好む。

東南至奴國百里官曰□馬觚副曰卑奴母離有二萬余戸

東南方向に歩くこと百里ほどで奴国（小野郷）に着く。長官はジバゴといい、副官はここでも夷守、二万人ほどが住んでいるという。

東行至不彌國百里官曰多模副曰卑奴母離有千餘家

東に歩いて百里ほど行くと不彌国（干海）にたどり着く。官はドーモと言い、副官はまた夷守だ。千ほどの家があるという。

南至投馬國水行二十日官曰彌彌副曰彌彌那利可五萬餘戸

（伊都国に行っていた者らの帰りを待って停泊していた船を動かし）南に進んで投馬国（三潴）に到着したのは、最初に松浦沖に停まってから数えると二十日目だった。長官は耳といい、副官は耳鳴りという。五万人が住む。

南ニ進ンデ邪馬壹国ニ至ル、女王ノ都スル所ナリ、水行十日、モシ陸ヲ来ルト一月程度ノ日数ハカカルベシ。

南至邪馬壹国女王之所都水行十日陸行一月

（投馬国を尋ねていた者が帰るのを待って出帆）南に進んで邪馬壱国に到着した。ここは卑弥呼なる女王が都としている場所だと聞く。（投馬国沖に停泊していた時間を入れて）船で十日の行程だったが、もしも最初の上陸地点から歩いてくるとすれば、道も整備されていないことだし、おそらく一ヶ月はかかるだろう。

官有伊支馬次曰彌馬升次曰彌馬獲支次曰奴佳□可七萬餘戸

邪馬壱国の役人名はいきま、副官の名は、みましょう、みまかく、ぬかてぃだった。

このクニには七万人が住んでいる。

自女王國以北其戸数道里可得略載其餘旁國遠絶不可得詳

女王国ヨリ北ノ国名ハ戸数ト道里ヲ略シテ載セルコトハデキルガ、ソレ以外ノ傍ラノ国ハ遠絶ニシテ詳ラカニスルコトガ出来ナイ。

女王（の住む邪馬壱）国より北側の（同盟国は）戸数や距離を省いて数え上げることはできるが、それらの外側の国々とは積極的には連絡を取り合っていないために詳しいことはわからない。

次有斯馬國次有已百支國次有伊邪國次有郡支國次有彌奴國次有好古都國次有不呼國次有姐奴國次有對蘇國次有蘇奴國次有呼邑國次有華奴蘇奴國次有鬼國次有爲吾國次有鬼奴國次有邪馬國次有躬臣國次有巴利國次有支惟國次有烏奴國次有奴國此女王境界所盡

次々に国名を挙げれば斯馬国（佐賀県杵島郡）、已百支（美里町椿）、伊邪（田迫町良《やや》町）、郡支（南関町久重《くしげ》）、彌奴（阿蘇市波野）、好古都（出雲）、不呼（肥後）、姐奴（玉名郡石貫《いしぬき》）、對蘇（玉名市築地《ついじ》）、蘇奴（中央区室園《むろぞの》）、呼邑（美里町馬場）、華奴蘇奴（福岡県大牟田市花園）、鬼（佐賀県鬼丸）、爲吾（佐賀県麻那古《まいご》）、鬼奴（菊池市木野）、邪馬（山鹿市）、躬臣（佐賀県筑紫）、巴利（南関町小原《こばる》）、支惟（阿蘇郡高森町色見《しきみ》）、烏奴（宇土）、奴（不知火）などがあり、ここまでが女王（と連盟を結んだ国々）の境界が尽きる所である。

其南有狗奴國男子爲王其官有狗古智卑狗不屬女王

その南側に狗奴（鹿野）国があり、男の王がいる。悪知恵に長けた庇護官が女王から離反するようにそそのかす。

自郡至女王國萬二千餘里

帯方郡から女王国（邪馬壹国）までは一万二千里の距離がある。

男子無大小皆鯨面文身自古以来其使詣中國皆自稱大夫

（このクニの）男は身分の上下に関わりなく、顔や体に入れ墨をしている。古い時代から中国に詣でる時には、なぜか皆大夫であると自称したという。

夏后少康之子封於會稽断髪文身以避咬龍之害今倭水人好沈没捕魚蛤文身亦以厭大魚水禽後稍以為飾諸国文身各異或左或右或大或小尊卑有差

夏（の国の）王妃少康の息子が會稽に王として赴いたとき、髪を短く切り、全身に入れ墨をすれば咬龍《みづち》の害を避けられるであろうと伝えたという故事があるが、今のこのクニでは海に潜って魚や貝類を獲るものは、やはり入れ墨をして大魚や水禽に食われるのを防いでいるのだろう。思うにその後は単なる装飾となったのだろうが、それらの入れ墨も地方によって右に左に、あるいは大きく小さくと変わり、身分によっても違いがあるのは面白い。

計其道里當在會稽東治之東

（和国までの）道のり（方角）を測ると、まさに會稽東治の東方向に当たる。

其風俗不淫男子皆露□以木緜招頭其衣横幅但結束相連略無縫婦人被髪屈□作衣如單被穿其中央貫頭衣之

和人の風俗は淫らがましいところがない。男子はみな冠をかぶらずに、木綿で縛って鬟《みずら》としている。衣服は横幅の布を束ねて体に巻くのみで糸で縫ってはいないようだ。婦人は長い髪を結んでまとめているが、中にはざんばら髪もいる。服の作りは簡単で布の真ん中に穴を開けてそこに頭を通しただけの、中国での単衣の寝間着みたいなものだ。

種禾稲紵麻蠶桑緝績出細紵□緜其地無牛馬虎豹羊鵲

植物としては稲や苧麻を植え、桑を食べさせて蚕を育てて糸を取り、重ね織りのようにして素晴らしい絹織物を作る。そこには牛、馬、虎、豹、そして鵲（かささぎ）の類いはいない。

兵用矛楯木弓木弓短下長上竹箭或鐵鏃或骨鏃所有無與□耳朱崖同

兵士が持っているのは楯と矛、そして持ち手が下の弓矢で、鏃《やじり》としては鉄あるいは骨が付いている。その他の装備としては、タンジや朱崖と同じように見受けられる。

倭地温暖冬夏食生菜皆徒跣有屋室父母兄弟臥息異處以朱丹塗身體如中国用粉也食飲用□豆手食

この土地は温暖で、夏も冬も野菜が取れて食べている。誰もが履き物を履かずにはだしで歩いている。家の中は間仕切りがあって、父母や兄弟はそれぞれが別な場所で寝ている。朱や丹などの赤い顔料を体に塗っておしゃれするのは、中国の白粉に似ている。足の付いた高坏に盛った菜や豆を手づかみで食べる。

其死有棺無槨封土作冢始死停喪十餘日當時不食肉喪主哭泣他人就歌舞飲酒已葬舉家詣水中澡浴以如練沐

その家で死人が出たら棺桶には入れるが、棺室を作らずに掘った土中に埋葬して土盛りをする（だけなので、他国のように棺室を作って大げさにしないところが好ましい）。棺が家にある十日間は、喪主は精進食しか口にせずに泣き続けるが、弔問客は出された酒を飲み歌ったり踊ったりする。弔いの儀式が終わると家中の人が水に入ってみそぎをするのは、我が国の練沐とよく似た習慣だ。

其行来渡海詣中國恒使一人不梳頭不去□蝨衣服垢汚不食肉不近婦人如喪人名之爲持衰若行者吉善共顧其生口財物若有疾病遭暴害便欲殺之謂其持衰不謹

和人が船で中国に渡ろうとするときは、いつも一人だけ選んで、頭をくしけずらず、シラミも追い払わず、服も洗わず肉も口にせず、もちろん婦人を近づけることもなく、あたかも喪に服しているような役目を与える。彼はジサイと呼ばれる。もしその航海が事故もなく目的地まで行ければ、ジサイは乗員の全員から財物などを贈られるが、逆に暴風に遭遇したり病人が出たりしたら、彼が不謹慎だったからとの理由で殺されてしまう（とは、なんたる野蛮な風習なのだ）。

出眞珠青玉其山有丹其木有□杼豫樟□櫪投橿烏號楓香其竹篠□桃支有薑橘椒□荷不知以爲滋味有彌猴黒雉

真珠や青玉がそこらの山から産出される。顔料の丹も取れる。木の種類としてはクスノキ、トチ、クス、ボケ、クヌギ、ゴウ（?）、カエデなどがあり、竹には篠竹、矢竹、藤などがある。ショウガ、タチバナ、山椒、茗荷なども自生しているが、食べることをしないので滋味であることも知らずにいる。猿や羽の黒い雉が野生している。

其俗擧事行来有所云爲輒灼骨而卜以占吉凶先告所卜其辭如令龜法視火□占兆

その習俗として、行事をしたり旅をしたりする時には、骨を焼いてその入ったひびの形を見て判断するが、最初に占ってもらいたいことを告げる口調は、我が国の令亀法にそっくりである。

其會同坐起父子男女無別人性嗜酒見大人所敬但搏手以當跪拜其人壽考或百年或八九十年

集まりに同坐する場合、特に親子や男女の差別なく振る舞う。人々は酒をたしなむのを好む。敬意を表するべき相手は手を打って迎えるのが、我が国の跪拝に当たるのかも知れない。それら大人の中には百歳まで生きる、あるいは八、九十歳までの長寿もいるという。

其俗國大人皆四五婦下戸或二三婦婦人不淫不妬忌不盜竊少諍訴其犯法軽者没其妻子重者滅其門戸及宗族尊卑各有差序足相臣服

独特の風習としては、大身の者はみな四、五人の妻を持ち、小身でも二、三人を妻帯するところか。婦人は浮気をせず、夫にされたとしても嫉妬しない。物を盗む人はおらず、訴訟も少ないが、ひとたび法を犯すや、罪の軽い者で妻子共々に奴隷の身分に落とされ、重罪ならば一族全員が殺されてしまう共同責任制である。集落や家族の間では尊卑の差があって、その秩序は皆に守られている。

賦課税ヲ収メルタメノ邸閣アリ。ソレゾレノ国ゴトニ市場ガ立チ、大倭トイウ役人ガ自分デソレラヲ監察シテ回ッテイル。女王国ノ北側ニハ特ニ体ノ大キナ兵卒ヲ配置シテ、常ニハ伊都国ニ駐在シテイルガ、諸国ヲ検察セシムル目配リガスゴイカラ、皆ガ全国ニ配備サレテイルカノヨウニコレヲ恐ルル。

収租賦有邸閣國國有市交易有無使大倭監之自女王國以北特置一大率検察諸國諸國忌憚之常治伊都国於國中有如

税として徴収した財物を納めるための家屋がある。各国の中に市場があり、活発に物々交換などをしているが、その取引量（額）に応じて課税するための大倭という役人がいる。邪馬壱国（から離れた）北の方面には特に図体の大きな兵卒を配置して目を光らせているから、諸国はこれを恐れること甚だしい。普段は伊都国に常駐している彼（彼ら）の目が届くことは、あたかも全国に散らばっているかのようだ。

刺史ハ王ノ遣使ガ船デ京都、帯方郡、韓国各地ニ行ク時、及ビ郡使ガ和国ニ到着シタ時ハ、文書ヤ下賜品ナドスベテノ物品ヲ調ベルカラ、女王ノモトへ間違ッテ届クコトハナイ

刺史王遣使詣京都帯方郡諸韓國及郡使倭國皆臨津捜露傳送文書賜遣之物詣女王不得差錯

（中国における州役人みたいな）刺史は女王が遣使として京都《けいと》、郡あるいは韓国各地に行かせるとき、また郡からの船が到着したときなど、すべての荷物を港で調べるから、伝送文書にしても下賜品にしても、女王の元へ間違って届くことはない。

下戸與大人相逢道路逡巡入草傳辞説事或蹲或跪兩手據地爲之恭敬對應聲曰噫比如然諾

小身（の身分の者）は道で大身者に会えば、ためらうことなく路傍の草地に体をよけ

て道を譲る。その場に膝を屈したままで両手を突いて言葉を伝えると、大身はああとひと言だけ答えるが、それが承知したとの事みたいだ。

ソノ国ニハ本来男王ガイタガ、治メルコト七、八十年ノミデ、和国ハ再ビ毎年ノヨウニ攻撃シ合ウホドニ乱レテイッタ。ソコデ一女子ヲ男王ト共立サセテ女王トシタ。名ハ卑弥呼、鬼道デ占ウ事ガヨク当タリ、衆人ヲシテ驚惑セシム。年長者デアルガ夫婿ハナク、タダ一緒ニ共立サレタ男弟（ノ王）ガ国ヲ治メルヲ良ク助ケルアリ。

其國本亦以男子爲王住七八十年倭國亂相攻伐暦年乃共立一女子爲王命曰卑彌呼事鬼道能惑衆年已長大無夫壻有男弟佐治國

それらの国々は、元々は男王が治めてまとまっていたが、男王が統治できていたのは七、八十年の間であって、いつしか和国は互いに国を攻め合うようになっていた。争いが長いこと続くと厭戦気分が蔓延して、男王一人だからよくないのであって、もう一人女王を立てようという事になった。白羽の矢が立ったのは、占いに優れ、当時から衆人をして感心させることしきりの日天子《ひみこ》だった。彼女は年長者だが、この頃には夫がなく、播種の時期や天候をよく言い当てて、一緒に祭り上げられた弟王が同盟国を治めるのを傍から助けていた。

自為王以来少有見者以碑千人自侍唯有男子一人給飲食傳辞出入居處宮室楼観城柵厳設常有人持兵守衛女王國

（ふたりが）王になってからは、宮室に籠もったその姿を見る者は少なくなった。侍女が千人で接待するのは、男王一人のみで、その飲食を給仕し、命令を伝えるために居所を出入りする。宮室は見張り台や木柵を厳重に設けていて、常に近衛兵が女王国を守衛している。

東渡海千餘里復有國皆倭種又有侏儒國在其南人長三四尺去女王四千餘里又有裸國黒歯國復在其東南船行一年可至参問倭地絶在海中洲島之上或絶或連周旋可五千餘里

東の海を千里ほど行くと、また和人の国がある。コビト国があり、その南に住む人は身長が三、四尺しかない。女王を離れること四千里あまりで、はだか国やお歯黒国などがまたある。その東南方向に船で進むこと一年で到着することができる。それらの和の地を訪ねるに、絶海の島もあり、土地も続いたり途切れたりするので、全部回るのに五千里ほども歩いただろうか。

景初二年六月倭女王遣大夫難升米等詣郡求詣天子朝獻太守劉夏遣吏将送詣京都

景初二年の六月に、和の女王は大夫難升米らを郡に派遣し、天子に朝見したいと願い出た。太守の劉夏は郡の役人を帯同させ、彼らを洛陽の都まで送り届けた。

其年十二月詔書報倭女王曰制詔親魏倭王卑彌呼帯方太守劉夏遣使送汝大夫難升米次使都市牛利奉汝所獻男生口四人女生口六人班布二匹二丈以到

その（景初二年）十二月に、詔勅によって卑彌呼が親魏倭王に任じられたのは、郡太守が役人に送らせた遣使、大夫難升米および都市牛利が男女生口十人と、木綿布二匹二丈を献上した（事に天子が報いた）からである。

汝所在踰遠乃遣使貢獻是汝之忠孝我甚哀汝今以汝爲親魏倭王假金印紫綬裝封付帯方太守假綬汝其綏撫種人勉爲孝順汝来使難升米牛利渉遠道路勤労今以難升米爲率善中郎将牛利爲率善校尉假銀印青綬引見労賜遣還

（天子が言うには）汝が居るところは遙かに遠いのにもかかわらず、この度使いをよこして朝貢したことは、汝の忠孝心の発露であり、はなはだ汝を愛おしく思う。それ故に今をもって汝を親魏倭王になし、その証しとして金印紫綬を装封して帯方郡の太守に預け置くから、汝はいっそう人々を教え導くことに勉め、さらに孝順の気持ちをわすれずに。汝が寄越した遣使の難升米と牛利は、遠路を苦心して都まで達したので、それぞれ率善中郎将と率善校尉に取り立てて銀印青綬を引見した上で与え、労をねぎらって遣わし帰《かえ》す。

今以絳地交龍錦五匹絳地□粟□十張□絳五十匹紺青五十匹答汝所獻貢直又特賜汝紺地句文錦三匹細班華□五張白絹五十匹金八両五尺刀二口銅鏡百枚真珠鉛丹各五十斤皆装封付難升米牛利還到録受悉可以示汝國中人使知國家哀汝故鄭重賜汝好物也

ここに交龍柄錦織り五匹、粟模様織り十張、茜色織物五十匹、紺青織物五十匹をもって、汝の朝貢に答える。また特に汝（卑彌呼）に与える物として、紺地錦織り三匹、小紋柄毛氈五張り、白い絹織り五十匹、金塊八両、五尺刀を二口《ふり》、銅鏡百枚、真珠と（化粧用）鉛丹をそれぞれ五十斤、みな荷造りして後ほど送るから、難升米と牛利が帰ったら目録を受けとり、汝の国中の人すべてにその厚遇を周知させるように。我が国は汝を愛おしむ故に（天子から）下賜された汝の好物を鄭重に送るのである。

正始元年太守弓遵遣建中校尉梯儁等奉詔書印綬詣倭國拜假倭王升齎詔賜金帛錦□刀鏡采物倭王因使上表答謝詔恩

正始元年、郡の太守弓遵は、魏臣建中と、郡の校尉梯儁らを派遣、彼らは詔書や印綬などを持って和国に着いた。倭王に天子からもたらされた詔勅をはじめ、約束された金(印)、布、錦織、刀、鏡、采物などを贈答すると、倭王は書類を使者に手渡して、その恩に対して謝意を表した。

其四年倭王復遣使大夫伊聲耆掖邪狗等八人上獻生口倭錦絳青□緜衣帛布丹木坿短弓矢掖邪狗等壹拜率善中郎将印綬

その四年、和王は遣使であった大夫（耳の遠くなった老人である）掖邪狗など八人を都に遣わした。献上品としては生口、和錦、赤と青の織物、綿衣、布地、朱丹、ゆづかが下に短い弓と矢。掖邪狗らは率善中郎将を印綬されて一拝した。

其六年詔賜倭難升米黄幢付郡假綬

その六年、詔勅により、和国に居る難升米に与えるための黄幢（黄色の戦旗）が郡に預けられた。

其八年太守王□到官倭女王卑彌呼與狗奴國男王卑彌弓呼素不和遣倭載斯烏越等詣郡説相攻擊状

その八年、郡の太守が都に来て、和の女王卑弥呼は以前から狗奴国の男王卑弥弓呼と不和の間柄だったが、遂に互いに攻撃し合う戦争状態に陥ったと、和国の祭司烏越《うこし》らを郡に派遣して説明、と報告した。

遣塞曹掾史張政等因齎詔書黄幢拜假難升米

塞曹掾史（国境警備官）であった張政らが直ちに和国に派遣された。（帯方郡に預け置かれた詔書と黄幢を運んできた）張政が詔書を代読し、黄色の戦旗を（渡して戦闘参加の許可を）難升米に与えた。

爲檄告喩之卑彌呼以死大作冢徑百餘歩殉葬者奴婢百餘人

（郡の兵が直接戦闘に参加するのを避けるためになんとかしろと）檄文を読み上げて告

諭された卑弥呼は（自らの死を終戦の条件として受け入れると狗奴国王に約束させて）そのために死んだ。直径が百歩ほどもある大きな墓を作り、侍女らが百人も殉死して一緒に埋められた。

更立男王國中不服更相誅殺當時殺千餘人

（約束を破り支配権を確立させようとして狗奴国）男王がふたたび挙兵したので、元の女王国住民が反発し、（その要請を受ける形で郡からの派遣兵が参戦して）反乱軍に誅伐を与えて千人ほどを殺した。

復立卑彌呼宗女壹與年十三爲王國中遂定政等以檄告喩壹與

（前例に倣って）また日天子《ひみこ》が立てられた。十三歳で壹（の国）を与えられた女が国を治めることになって、ようやく戦火が収まったのは、壹與（と呼ばれることになった女）に檄をもって教え諭した張政ら（のバックにある強大な軍事力）を諸国が恐れたせいでもあった。

壹與遣倭大夫率善中郎将掖邪狗等二十人送政等還因詣臺献上男女生口三十人貢白珠五千孔青大句珠二枚異文雑錦二十匹

壱与は和国に派遣されていた掖邪狗など二十人と、あとから送り込まれた張政らを郡に帰した。臺（天子の居るうてな）には男女の生口が三十人と、白珠が五千、青い勾玉《まがたま》二枚、そして違う模様の錦織り二十匹などが届けられた。

あとがき

これで私のお話は終わりですが、最後に弁解というか言い訳というか、そんなのをひとくさりお聞きください。

まず意気込んで載せた原文ですが、□マークがかなり多くなって読みづらくなってしまいました。

私の創作スタイルは、最初は横書きから始めるのです。それだとかなりの長文もパソコン画面に表示できるし、何よりも自然な感じでローマ字入力ができるのです。

一太郎というワープロソフトで稿を起こしていったのですが、横書きだとかなりの数の環境依存文字を表示させることができて、それらを原文の中に埋め込みましたから、ポイントが小さくて字体も異なっているものの、□マークはずいぶんと少なく仕上げることができていたのです。

ところが縦変換をした途端に環境依存文字が選択できなくなり、せっかく苦心惨憺して表出した環境依存文字が小さな黒丸になってしまったではありませんか。

だから泣く泣く黒丸を□マークに変更していったところ、初志に反して埋め字が多くなってしまったという次第です。

もっとも、それでもあまり影響がないだろうというのは、□マークの部分はかなり古い文字で、どうせと言ったらなんですが、どうせ読めないのです。

それが倭人伝原文の□が多くなった主な理由で、今更のように難題だったと思っています。まったくの責任転嫁と言われてもぐうの音も出ませんが、正確な原文は他の人の力作を参照してください。

いざ出版の段階で、この原稿を一度ワードに変換する必要が生じました。一太郎よりは日本語に精通していないだろうワードを経た文章に、新たな伏せ字が増えないことを望むばかりです。

第一章で、かなり高飛車に出てるじゃないかとの批判は甘んじて受けます。それぞれの第一線でご活躍の先輩方ですから、それなりの貴重な見解が披露されていたのは認めますが、最初の伊都国で皆が一斉にこけているので、ついついあんな口調（文調？）になってしまったのです。

くどくなるのでここでは追求しませんが、船行二十日しかり、列挙された女王国の比定地しかりと言ったところでしょうか。

そして最大級の間違いが、邪馬壹国の規模の思い違いであり、女王国との混同であり、軍事力を含むパワーの誇大評価でしょうか。

さらには遙か後代の文書を参考にして、壹と臺とが間違っているから後者に変更統一するという指摘の間違いです。

こんな言い方がそもそも尊大だと指摘されるのかも知れませんが、せっかくの我が国弥生時代の現状を書き残した超一級資料が、皆さんのロマン心が溢れるあまりに、曲解されているのが忍びないのです。

本文の中で、私はいわゆる邪馬台国連合の範囲をかなり小さく示しましたが、それは倭人伝を素直に読み解くと素直に出てくる解釈であって、大邪馬台国があったのは近畿だ、北陸だ、スマトラだと言いたい人はそう主張すればよろしいのでしょう。

ただしひと言付け加えさせていただくと、論者の多くが引っ張ってくる日本書紀ですが、あまり信用ならないのではないかと思います。

それが私だけの思い込みではないのは、かなりの偉い学者さんも、あれはある一族が都合よく辻褄合わせをしたストーリーであると述べておられる点からも確実です。

いずれにせよ、誰もが自由に「邪馬台国」を論じることができる素敵な時代です。あまりにも自由なために、かえって自由のありがたさを実感できない時代です。

縁あって、ごま書房から出版されることになった私の本が、この業界に少しばかりの波紋を起こせたら、望外の悦びです。

と、いったんはピリオドを打ったのですが、なにか言い残したことがあるような気がするのです。旺文社の漢辞典を引っくり返し、何冊もの本を参考にして無い知恵を絞り出し、九州の地図を穴の開くほど見つめて書き上げた苦心作だから、心残りはないはずなのに、それでも胸に引っかかる違和感が拭えないのです。

自慢じゃないけど物忘れのいい方ですから、これを書き上げたら蛙の面に水で、すぐに他のことに取りかかるのだろうけど、それじゃいけないという声がどこかから聞こえてくるのです。

いったんパソコンを離れて、都営の狭い部屋を徘徊すること数十分、ようやくなにを忘れているかを思い出しました。
そうです、私はいの一番に大切な、邪馬台国を現在のどこへ比定したのかを発表し忘れていたのです。それでは私の考えた、いわゆる邪馬台国の地名を発表して、本当にお別れです。

邪馬台国は、熊本県熊本市南区富合町廻江にあった。

◆参考文献

『現代語訳　魏志倭人伝』松尾光／㈱カドカワ／1951
『新訂　魏志倭人伝他三篇』石原道博／㈱岩波書店／2014
『研究最前線邪馬台国今、何が、どこまで言えるのか』石野博信／朝日新聞出版／2011
『検証邪馬台国論争』関祐二／㈱ベストセラーズ／2001
『古代に真実を求めて―古田史学論集第24集　俾弥呼（ひみか）と邪馬壹国（やまゐこく）―古田武彦『「邪馬台国」はなかった』発刊五十周古田史学の会／明石書店／2021
『新邪馬台国論―女王の都は二カ所あった』大和岩雄／大和書房／2000
『邪馬台国清張通史1　邪馬台国』松本清張／講談社／1986
『邪馬台国の時代』黒岩重吾／大和書房／1997
『邪馬台国の旅』邦光史郎／徳間書店／1987
『邪馬台国の謎を探る』松本清張／平凡社／1972
『邪馬台国ハンドブック』安本美典／講談社／1987
『邪馬台国は熊本にあった！―「魏志倭人伝」後世改ざん説で見える邪馬台国』伊藤雅文／扶桑社／2016
『魏志倭人伝が伝えた卑彌呼と邪馬壹国』近藤健夫／ブイツーソリューション／2011
『鬼道の女王卑弥呼　上下』黒岩重吾／文芸春秋／1996
『台与の正体―邪馬台国・卑弥呼の後継女王のゆくえ』関祐二／河出書房新社／2016

『卑弥呼―邪馬台国の女王』真鍋和子　講談社／１９９７
『「魏志倭人伝を解く」序章―倭歌が解き明かす古代史邪馬台国田川説の濫觴』福永晋三／
同時代社／２０２１
『魏志倭人伝二〇〇〇字に謎はない』相見英咲／講談社／２００２
『倭人傳』宮内庁書陵部所蔵
『魏志倭人伝』古代科学研究所／昭和三十八年巳之月鑑／金沢文庫
『地図とあらすじでわかる！邪馬台国』千田稔［監修］／青春出版社２０１０
『「邪馬台国」はなかった―解読された倭人伝の謎』古田武彦／朝日新聞社／昭和46年
『古田武彦・古代史コレクション①「邪馬台国」はなかった―解読された倭人伝の謎』古田武彦／
ミネルヴァ書房／２０１０
『邪馬臺国論考１』橋本増吉／平凡社／１９９７
『邪馬台国論争批判』安本美典／芙蓉書房／昭和51年
『邪馬台国はやっぱりここだった』奥野正男／毎日新聞社／１９８９年
『古代史研究の最前線　邪馬台国』洋泉社編集部／２０１５
『魏志倭人伝の謎を解く　三国志から見る邪馬台国』渡邊義浩／中公新書／２０１２
『女王卑弥呼の都する所　史料批判で解けた倭人伝の謎』上野武／ＮＨＫ出版／２００４
『多摩の地名と記紀と邪馬台国　言葉として解いた古代史』内田敏明／文芸社／２００８
『古代史の謎は「海路」で解ける　卑弥呼や「倭の五王」の海に漕ぎ出す』長野正孝／
㈱ＰＨＰ研究所／２０１５

◆著者略歴

吉野 純雄（よしの すみお）

1947年、東京都立川市生まれ。小説家、官能小説家。
海外を放浪のように旅すること数度。いくつかのペンネームで、さまざまなジャンルの官能小説を書くなど。真面目な作品もないわけではない。

官能小説家だからこそ読み解けた
魏志倭人伝18の謎
ー邪馬台国は熊本平野の○○ー

2023年9月1日　初版第１刷発行

著　者　吉野 純雄
発行者　池田 雅行
発行所　株式会社 ごま書房新社
〒167-0051
東京都杉並区荻窪4-32-3
AKオギクボビル201
TEL 03-6910-0481（代）
FAX 03-6910-0482
カバーデザイン　（株）オセロ 大谷 治之
DTP　海谷 千加子
印刷・製本　精文堂印刷株式会社

ISBN978-4-341-08842-2 C0021